Impressum
Verlag: BABADADA GmbH, Nedderfeld 112 , 22529 Hamburg
Geschäftsführer / Verlagsleitung: Harald Hof
Druck: Books on Demand GmbH, In de Tarpen 42, 22848 Norderstedt

Imprint
Publisher: BABADADA GmbH, Nedderfeld 112 , 22529 Hamburg, Germany
Managing Director / Publishing direction: Harald Hof
Print: Books on Demand GmbH, In de Tarpen 42, 22848 Norderstedt

σχολείο
iskola

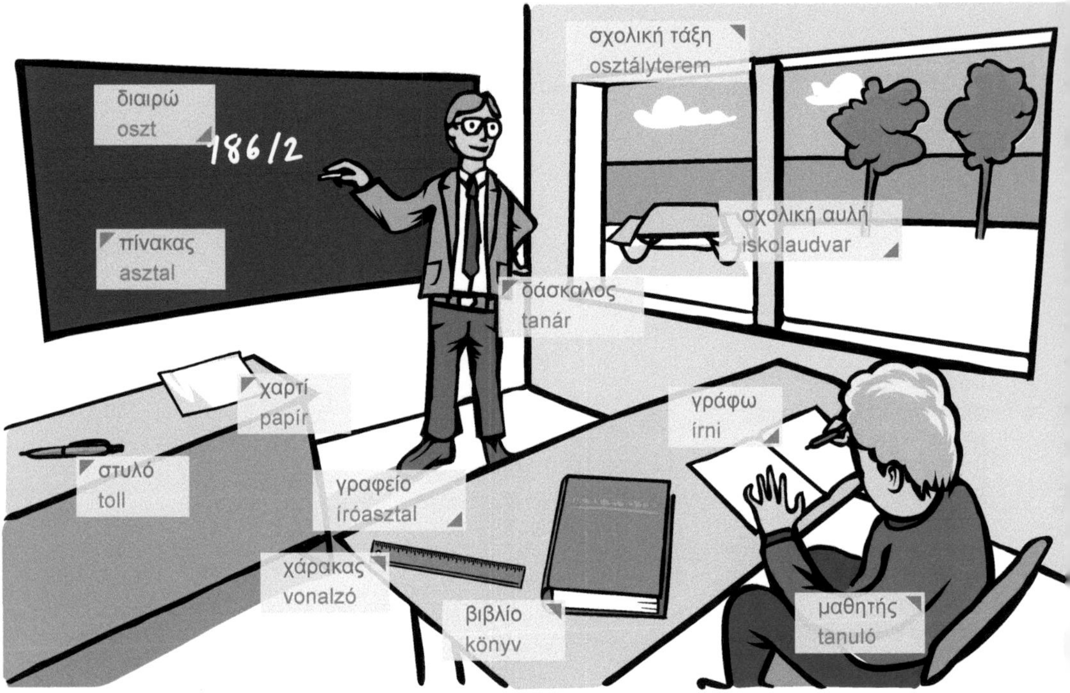
σχολική τάξη
osztályterem
διαιρώ
oszt
186/2
πίνακας
asztal
σχολική αυλή
iskolaudvar
δάσκαλος
tanár
χαρτί
papír
γράφω
írni
στυλό
toll
γραφείο
íróasztal
χάρακας
vonalzó
βιβλίο
könyv
μαθητής
tanuló

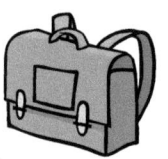

σχολική τσάντα

iskolatáska

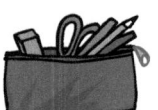

κασετίνα/ μολυβοθήκη

tolltartó

μολύβι

ceruza

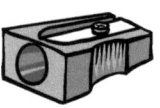

ξύστρα

ceruzahegyező

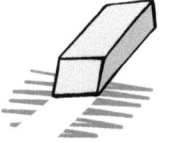

γόμα

radír

μπλοκ ζωγραφικής

rajzfüzet

ζωγραφική

rajz

πινέλο

ecset

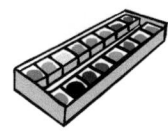

κουτί χρωμάτων

festőkészlet

ψαλίδι

olló

κόλλα

ragasztó

τετράδιο ασκήσεων

munkafüzet

εργασία για το σπίτι

házi feladat

12

αριθμός

szám

2+2

προσθέτω

összead

5-2

αφαιρώ

kivon

2×2

πολλαπλασιάζω

szoroz

υπολογίζω

számol

A

γράμμα

betű

ABCDEFG
HIJKLMN
OPQRSTU
VWXYZ

αλφάβητο

ABC

λέξη

szó

κείμενο

szöveg

διαβάζω

olvasni

κιμωλία

kréta

μάθημα

tanóra

εγγράφομαι

napló

τεστ

vizsga

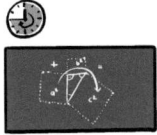

πιστοποιητικό

bizonyítvány

μαθητική στολή

iskolai egyenruha

εκπαίδευση

oktatás

εγκυκλοπαίδεια

enciklopédia

πανεπιστήμιο

egyetem

μικροσκόπιο

mikroszkóp

χάρτης

térkép

καλάθι αχρήστων

papír-hulladék gyűjtő

ταξίδι
utazás

ξενοδοχείο
hotel
Grand
ξενώνας
szállás
ROOMS
ανταλλακτήρια συναλλάγματος
valutaváltó iroda
βαλίτσα
bőrönd
αυτοκίνητο
autó

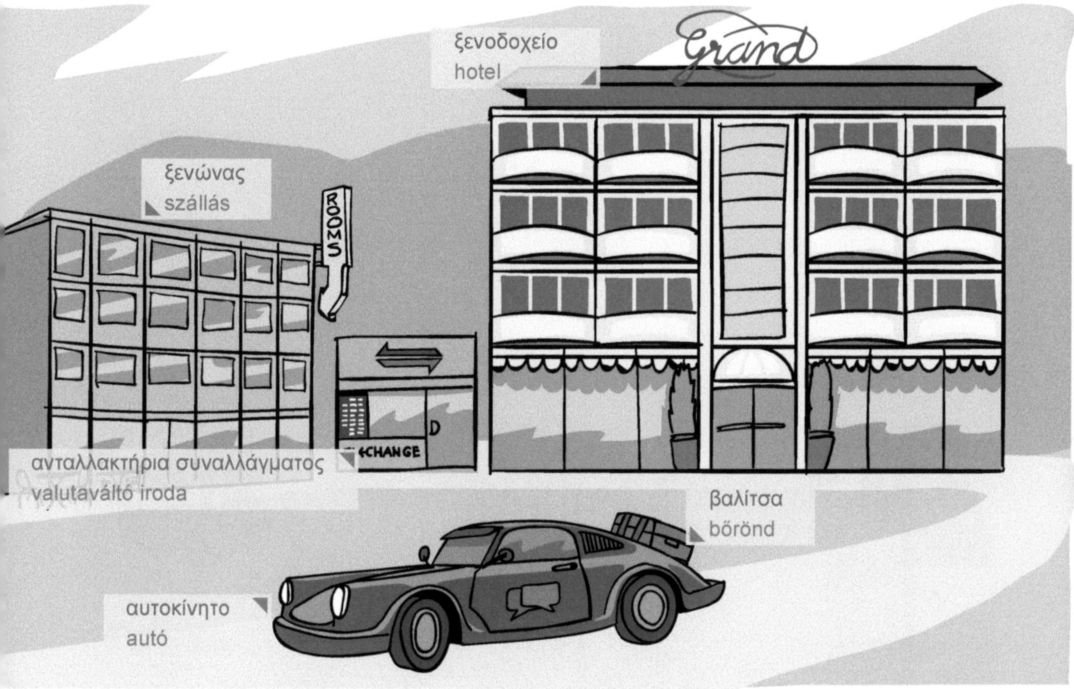

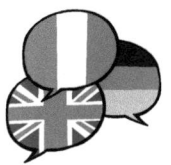

γλώσσα

nyelv

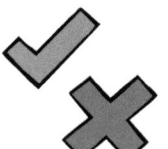

ναι / όχι

igen/nem

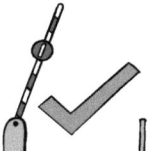

εντάξει

rendben

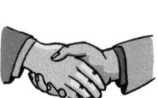

γεια σου

szia

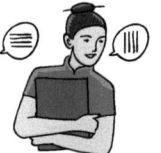

μεταφραστής

fordító

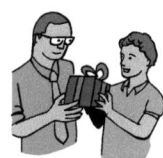

Ευχαριστώ

köszönöm

πόσο κάνει ;

mennyibe kerül…?

Δε καταλαβαίνω

nem értem

πρόβλημα

probléma

Καλησπέρα!

Jó estét!

Καλημέρα!

jó reggelt!

Καληνύχτα!

jó éjszakát!

Αντίο

viszontlátásra

κατεύθυνση

útirány

αποσκευές

poggyász

τσάντα

táska

σακίδιο πλάτης

hátizsák

καλεσμένος

vendég

δωμάτιο

szoba

υπνόσακος

hálózsák

σκηνή

sátor

τουριστικές πληροφορίες

turista információ

παραλία

strand

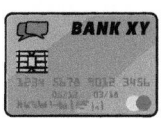

πιστωτική κάρτα

hitelkártya

πρωινό

reggeli

μεσημεριανό

ebéd

δείπνο

vacsora

εισιτήριο

jegy

ανελκυστήρας

lift

γραμματόσημο

bélyeg

σύνορα

határ

τελωνείο

vám

πρεσβεία

nagykövetség

βίζα

vízum

διαβατήριο

útlevél

μεταφορά
közlekedés

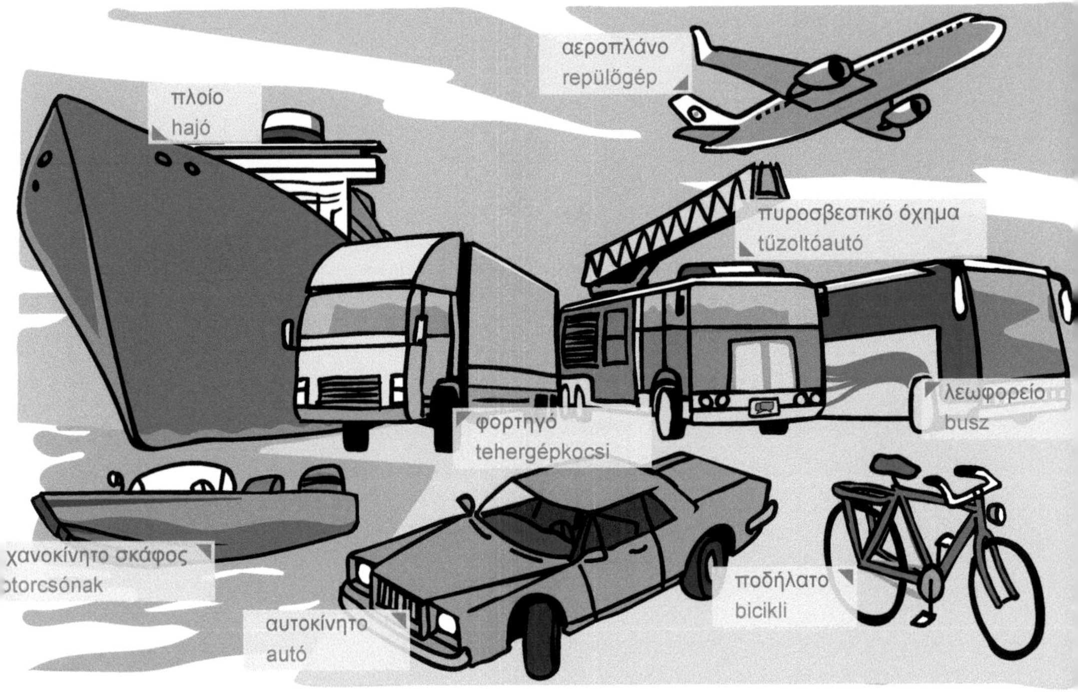

αεροπλάνο
repülőgép
πλοίο
hajó
πυροσβεστικό όχημα
tűzoltóautó
λεωφορείο
busz
φορτηγό
tehergépkocsi
χανοκίνητο σκάφος
otorcsónak
ποδήλατο
bicikli
αυτοκίνητο
autó

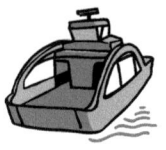

φεριμπότ

komp

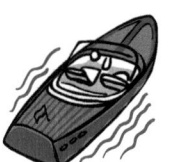

βάρκα

csónak

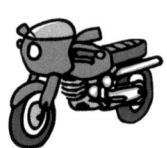

μοτοσικλέτα

motorkerékpár

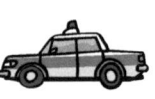

περιπολικό

rendőrautó

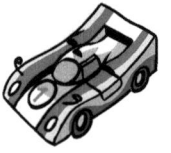

αγωνιστικό αυτοκίνητο

versenyautó

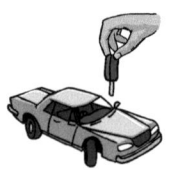

ενοικιαζόμενο αυτοκίνητο

bérautó

διαμοιρασμός αυτοκινήτων

telekocsi

γερανός

vontató

απορριμματοφόρο

szemetes autó

κινητήρας

motor

καύσιμο

üzemanyag

βενζινάδικο

benzinkút

πινακίδα σήμανσης

közlekedési tábla

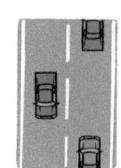

κυκλοφορία

forgalom

κυκλοφοριακή συμφόρηση

forgalmi dugó

χώρος στάθμευσης

parkoló

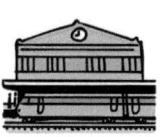

σιδηροδρομικός σταθμός

vonatállomás

σιδηροδρομικές γραμμές

sínek

τρένο

vonat

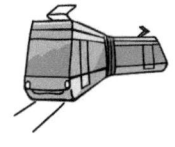
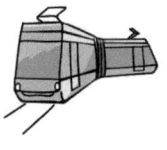

τραμ

villamos

βαγόνι

vagon

ελικόπτερο

helikopter

αεροδρόμιο

repülőtér

πύργος

torony

επιβάτης

utas

εμπορευματοκιβώτιο

konténer

χαρτοκιβώτιο

kartondoboz

καρότσι

taliga

καλάθι

kosár

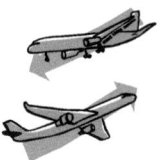

απογειώνομαι /
προσγειόνομαι

felszáll / leszáll

πόλη

város

χωριό

falu

κέντρο της πόλης

városközpont

σπίτι

ház

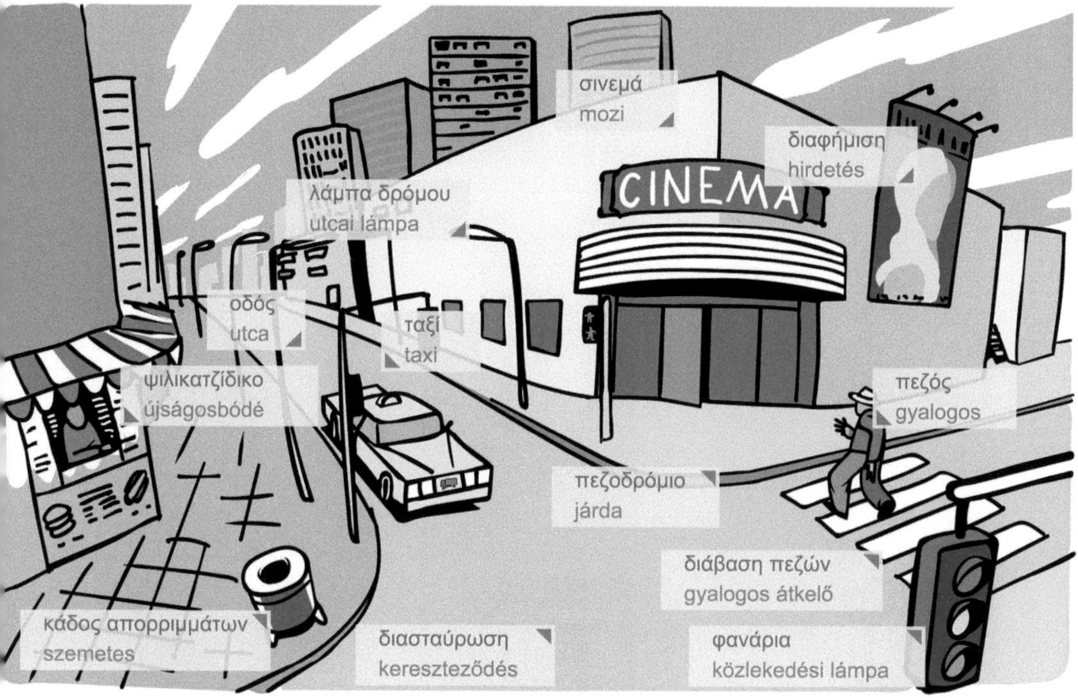

σινεμά
mozi

διαφήμιση
hirdetés

λάμπα δρόμου
utcai lámpa

οδός
utca

ταξί
taxi

ψιλικατζίδικο
újságosbódé

πεζός
gyalogos

πεζοδρόμιο
járda

διάβαση πεζών
gyalogos átkelő

κάδος απορριμμάτων
szemetes

διασταύρωση
kereszteződés

φανάρια
közlekedési lámpa

CINEMA

καλύβα

kunyhó

διαμέρισμα

lakás

σιδηροδρομικός σταθμός

vonatállomás

δημαρχείο

városháza

μουσείο

múzeum

σχολείο

iskola

πανεπιστήμιο

egyetem

τράπεζα

bank

νοσοκομείο

kórház

ξενοδοχείο

hotel

φαρμακείο

gyógyszertár

γραφείο

iroda

βιβλιοπωλείο

könyvesbolt

κατάστημα

üzlet

ανθοπωλείο

virágüzlet

σούπερ μάρκετ

szupermarket

αγορά

piac

πολυκατάστημα

áruház

ιχθυοπωλείο

halárus

εμπορικό κέντρο

bevásárló központ

λιμάνι

kikötő

πάρκο
park

παγκάκι
pad

γέφυρα
híd

σκάλες
lépcső

μετρό
metró

τούνελ
alagút

στάση λεωφορείου
buszmegálló

μπαρ
bár

εστιατόριο
étterem

γραμματοκιβώτιο
postaláda

πινακίδα δρόμου
utcatábla

παρκόμετρο
parkoló óra

ζωολογικός κήπος
állatkert

πισίνα
uszoda

τζαμί
mecset

αγρόκτημα

gazdálkodás

ρύπανση

környezetszennyezés

νεκροταφείο

temető

εκκλησία

templom

παιδική χαρά

játszótér

ναός

szentély

τοπίο

táj

φύλλο
levél

πινακίδα κατεύθυνσης
útjelző tábla

δρόμος
út

λιβάδι
rét

πέτρα
kő

δέντρο
fa

πεζοπόρος
túrázó

ποτάμι
folyó

χορτάρι
fű

λουλούδι
virág

κοιλάδα

völgy

λόφος

domb

λίμνη

tó

δάσος

erdő

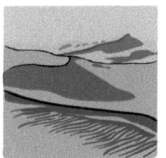

έρημος

sivatag

ηφαίστειο

vulkán

κάστρο

kastély

ουράνιο τόξο

szivárvány

μανιτάρι

gomba

φοίνικας

pálmafa

κουνούπι

szúnyog

μύγα

légy

μυρμήγκι

hangya

μέλισσα

méhecske

αράχνη

pók

σκαθάρι

bogár

βάτραχος

béka

σκίουρος

mókus

σκαντζόχοιρος

sündisznó

λαγός

nyúl

κουκουβάγια

bagoly

πουλί

madár

κύκνος

hattyú

αγριογούρουνο

vaddisznó

ελάφι

szarvas

άλκη

rénszarvas

φράγμα

gát

ανεμογεννήτρια

szélturbina

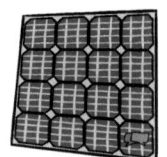

ηλιακός συλλέκτης

napelem

κλίμα

éghajlat

εστιατόριο
étterem

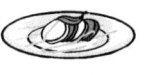

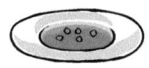

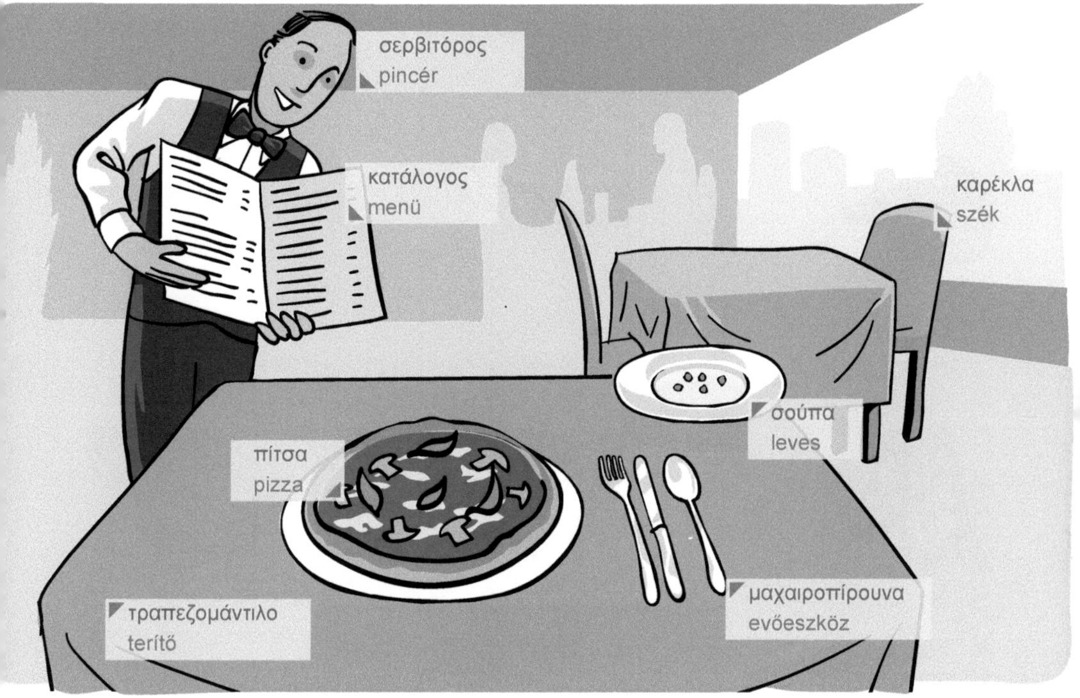
σερβιτόρος
pincér
κατάλογος
menü
καρέκλα
szék
σούπα
leves
πίτσα
pizza
μαχαιροπίρουνα
evőeszköz
τραπεζομάντιλο
terítő

ορεκτικό

előétel

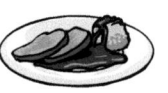

κύριο πιάτο

főétel

επιδόρπιο

desszert

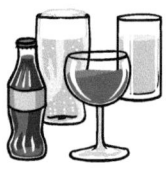

ποτά

italok

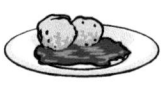

φαγητό

étel

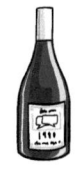

μπουκάλι

üveg

φαστ φουντ

gyorsétel

φαγητό στ' όρθιο

gyorsétel

τσαγιέρα

teás kanna

δοχείο ζάχαρης

cukortartó

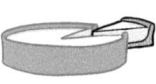

μερίδα

adag

μηχανή εσπρέσο

eszpresszógép

ψηλή καρέκλα

bárszék

λογαριασμός

számla

δίσκος

tálca

μαχαίρι

kés

πιρούνι

villa

κουτάλι

kanál

κουταλάκι του τσαγιού

teáskanál

πετσέτα φαγητού

szalvéta

ποτήρι

pohár

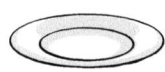

πιάτο

tányér

πιάτο σούπας

leveses tányér

πιατάκι φλιτζανιού

csészealj

σάλτσα

szósz

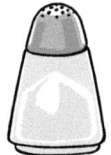

αλατιέρα

sószóró

μύλος για πιπέρι

borsőrlő

ξύδι

ecet

λάδι

étkezési olaj

μπαχαρικά

fűszerek

κέτσαπ

ketchup

μουστάρδα

mustár

μαγιονέζα

majonéz

σούπερ μάρκετ
szupermarket

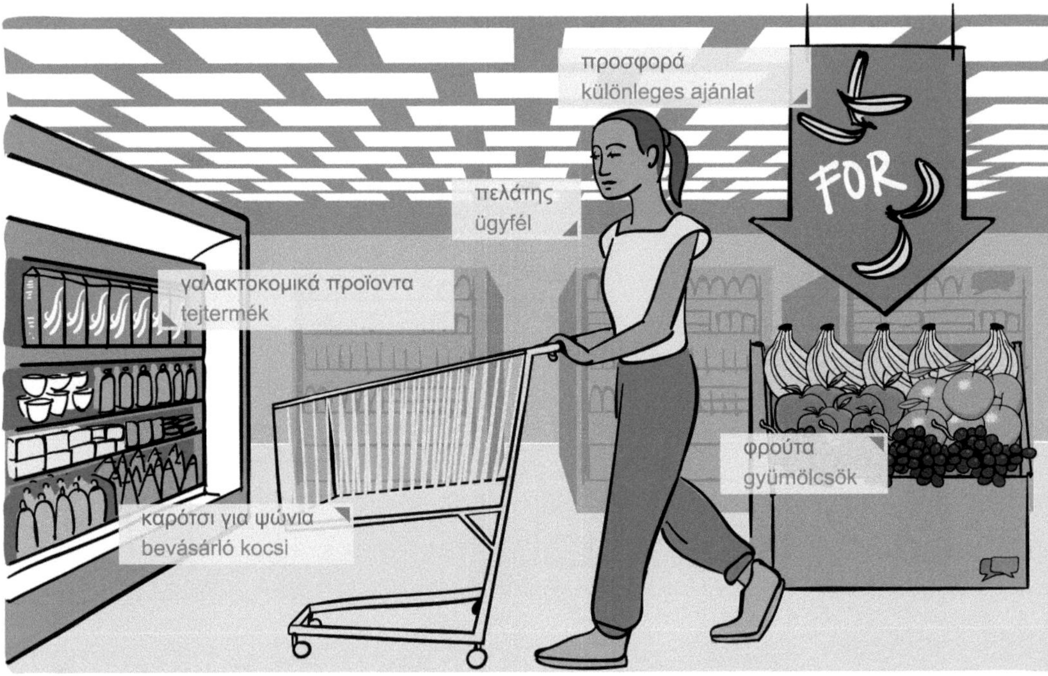

προσφορά
különleges ajánlat
FOR
πελάτης
ügyfél
γαλακτοκομικά προϊόντα
tejtermék
φρούτα
gyümölcsök
καρότσι για ψώνια
bevásárló kocsi

BUTCHERS

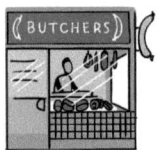

κρεοπωλείο

hentes

BAKERY

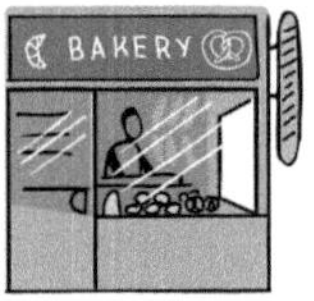

φούρνος

pékség

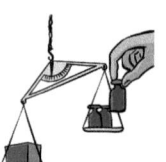

ζυγίζω

nyom valamennyit

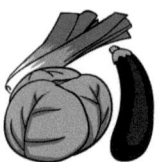

λαχανικά

zöldség

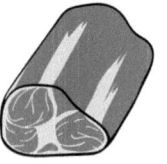

κρέας

hús

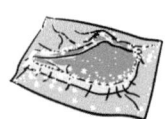

κατεψυγμένα τρόφιμα

fagyasztott áru

αλλαντικά

felvágott

κονσερβοποιημένη τροφή

konzerv

απορρυπαντικό ρούχων

mosópor

γλυκά

édességek

οικιακά είδη

háztartási termék

καθαριστικά προϊόντα

tisztítószerek

πωλήτρια

eladó

ταμείο

pénztárgép

ταμίας

eladó

λίστα για ψώνια

bevásárló lista

ωράριο λειτουργίας

nyitva tartás

πορτοφόλι

levéltárca

πιστωτική κάρτα

hitelkártya

τσάντα

zacskó

πλαστική σακούλα

műanyag zacskó

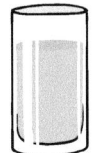

νερό

víz

χυμός

gyümölcslé

γάλα

tej

κόκα κόλα

kóla

κρασί

bor

μπίρα

sör

αλκοόλ

alkohol

κακάο

kakaó

τσάι

tea

καφές

kávé

εσπρέσο

eszpresszó

καπουτσίνο

kapucsínó

μπανάνα
banán

μήλο
alma

πορτοκάλι
narancs

πεπόνι
sárgadinnye

λεμόνι
citrom

καρότο
sárgarépa

σκόρδο
fokhagyma

μπαμπού
bambusz

κρεμμύδι
hagyma

μανιτάρι
gomba

ξηροί καρποί
magvak

νουντλς
nokedli

μακαρόνια

spagetti

ρύζι

rizs

σαλάτα

saláta

πατατάκια

sült krumpli

τηγανητές πατάτες

sült burgonya

πίτσα

pizza

χάμπουργκερ

hamburger

σάντουιτς

szendvics

κοτολέτα

hússzelet

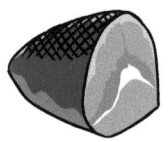

ζαμπόν

sonka

σαλάμι

szalámi

λουκάνικο

kolbász

κοτόπουλο

csirke

ψητό

pecsenye

ψάρι

hal

χυλός βρώμης

zabkása

μούσλι

müzli

κορν φλέικς

kukoricapehely

αλεύρι

liszt

κρουασάν

croissant

ψωμάκι

zsemle

ψωμί

kenyér

τοστ

pirítós kenyér

μπισκότα

keksz

βούτυρο

vaj

τυρόπηγμα

túró

κέικ

sütemény

αυγό

tojás

τηγανητό αυγό

tükörtojás

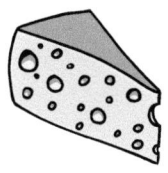

τυρί

sajt

παγωτό

jégkrém

ζάχαρη

cukor

μέλι

méz

μαρμελάδα

lekvár

άλλειμμα σοκολάτας

mogyorókrém

κάρυ

curry

αγρόκτημα
gazdálkodás

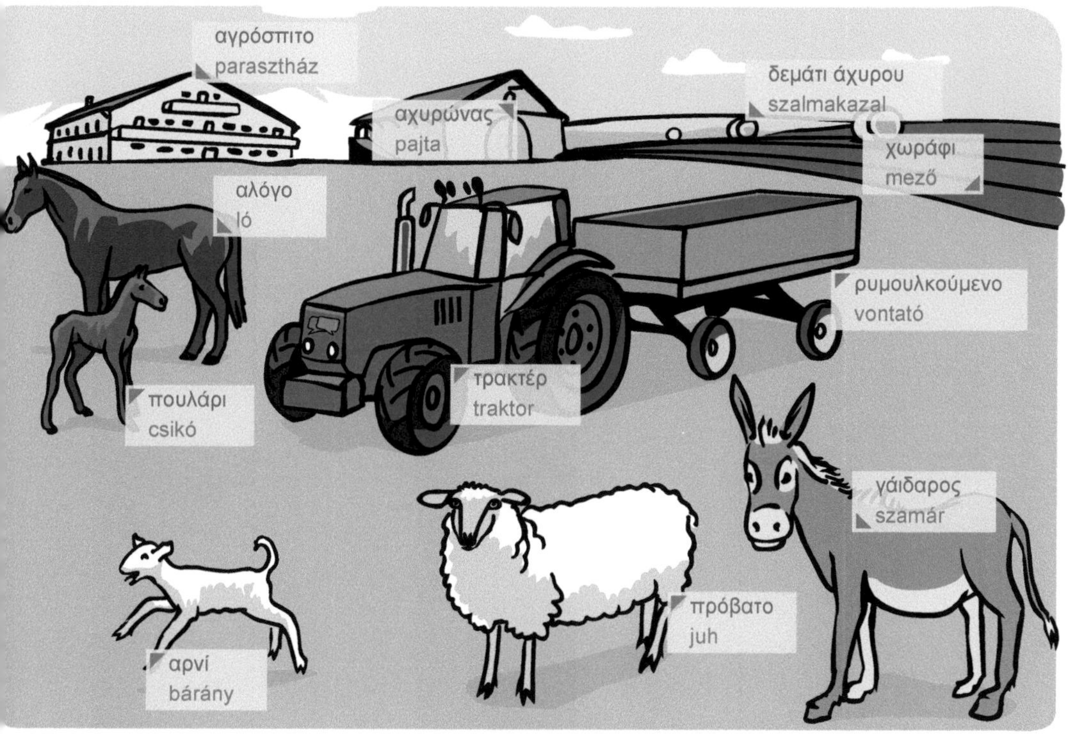
αγρόσπιτο
parasztház
αχυρώνας
pajta
δεμάτι άχυρου
szalmakazal
χωράφι
mező
αλόγο
ló
ρυμουλκούμενο
vontató
τρακτέρ
traktor
πουλάρι
csikó
γάιδαρος
szamár
πρόβατο
juh
αρνί
bárány

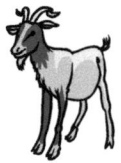

κατσίκα

kecske

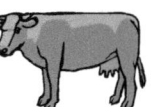

αγελάδα

tehén

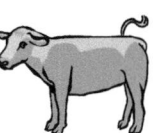

μοσχαράκι

borjú

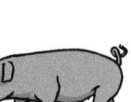

γουρούνι

malac

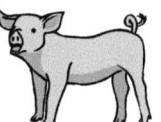

γουρουνάκι

kismalac

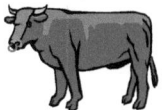

ταύρος

bika

χήνα

liba

πάπια

kacsa

κοτοπουλάκι

csibe

κότα

tojó

κόκορας

kakas

αρουραίος

patkány

γάτα

macska

ποντίκι

egér

βόδι

ökör

σκύλος

kutya

σπιτάκι σκύλου

kutyaház

λάστιχο κήπου

kerti öntözőcső

ποτιστήρι

öntözőkanna

θεριστήρι

kasza

αλέτρι

eke

αγρόκτημα - gazdálkodás

δρεπάνι

sarló

τσάπα

kapa

δίκρανο

vasvilla

τσεκούρι

fejsze

χειράμαξα

talicska

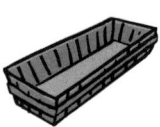

ταΐστρα

teknő

δοχείο γάλακτος

tejes kancsó

σάκος

zsák

φράχτης

kerítés

στάβλος

istálló

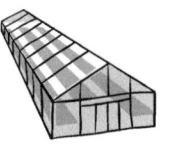

θερμοκήπιο

üvegház

έδαφος

talaj

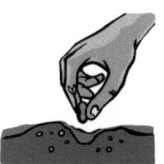

σπόρος

vetőmag

λίπασμα

trágya

θεριζοαλωνιστική μηχανή

cséplőgép

θερίζω

szüretelni

συγκομιδή

betakarítás

γιαμς

yamgyökér

σιτάρι

búza

σόγια

szója

πατάτα

burgonya

καλαμπόκι

kukorica

κράμβη

repcemag

οπωροφόρο δέντρο

gyümölcsfa

μανιόκα

manióka

δημητριακά

gabona

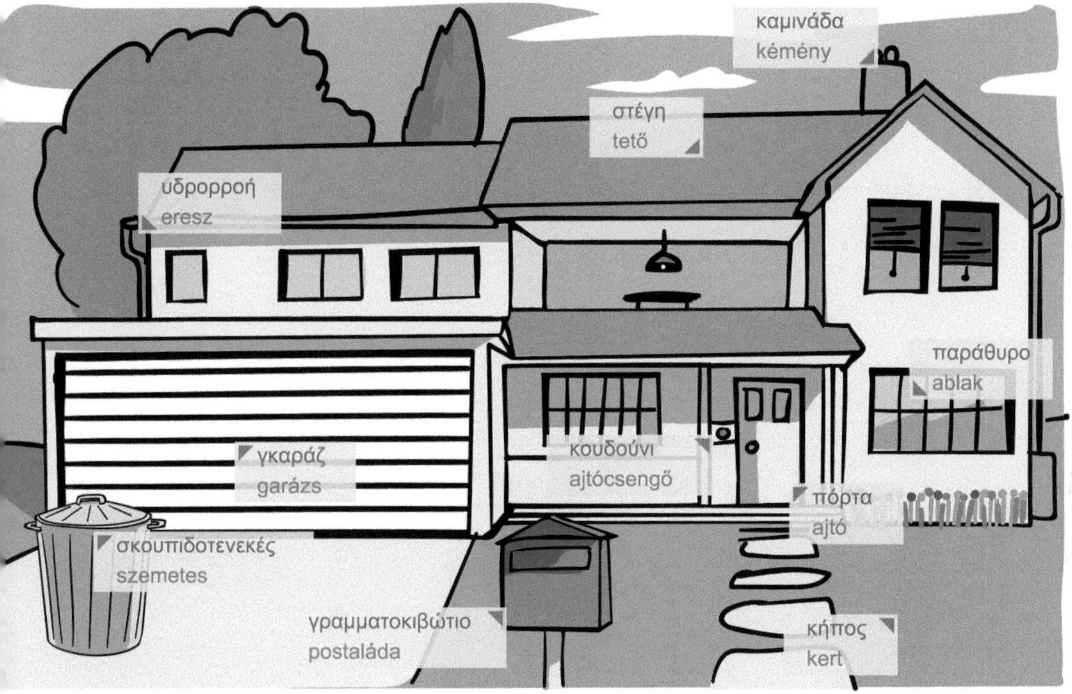

καμινάδα
kémény

στέγη
tető

υδρορροή
eresz

παράθυρο
ablak

γκαράζ
garázs

κουδούνι
ajtócsengő

πόρτα
ajtó

σκουπιδοτενεκές
szemetes

γραμματοκιβώτιο
postaláda

κήπος
kert

σαλόνι

nappali

μπάνιο

fürdőszoba

κουζίνα

konyha

υπνοδωμάτιο

hálószoba

παιδικό δωμάτιο

gyerekszoba

τραπεζαρία

ebédlő

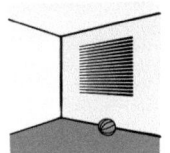

πάτωμα

padló

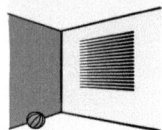

τοίχος

fal

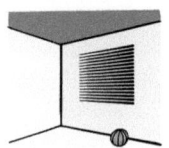

οροφή

plafon

κελάρι

pince

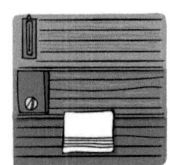

σάουνα

szauna

μπαλκόνι

erkély

βεράντα

terasz

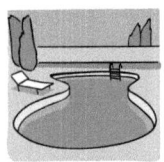

πισίνα

medence

μηχανή του γκαζόν

fűnyíró

σεντόνι

lepedő

κάλυμμα κρεβατιού

ágytakaró

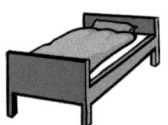

κρεβάτι

ágy

σκούπα

seprű

κουβάς

vödör

διακόπτης

kapcsoló

σαλόνι
nappali

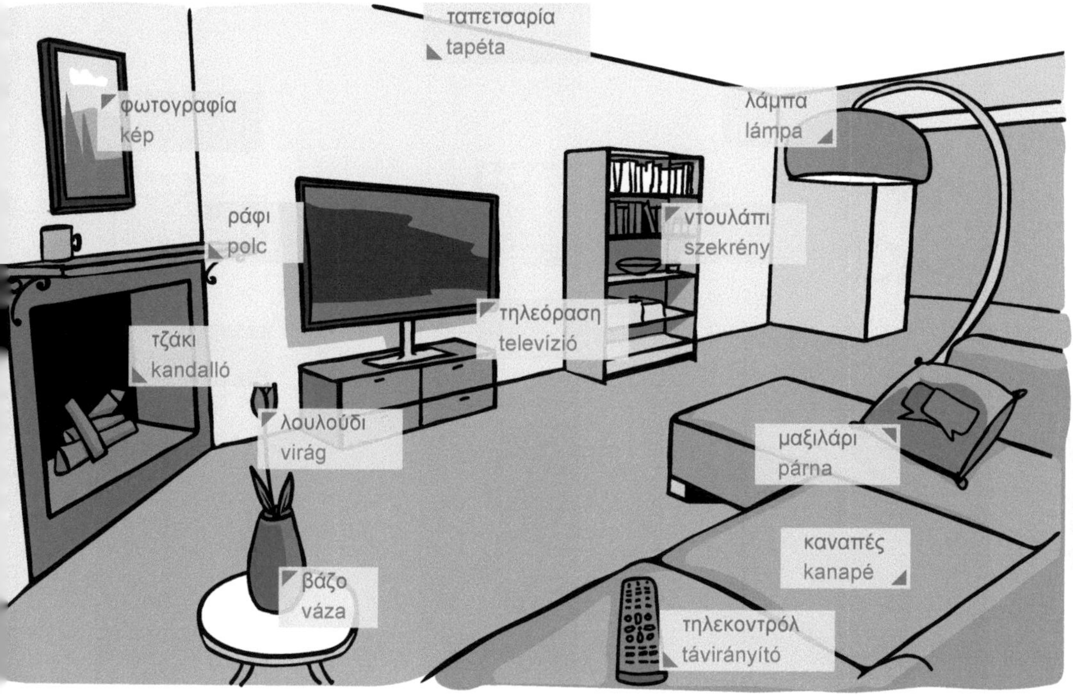
ταπετσαρία
tapéta
φωτογραφία
kép
λάμπα
lámpa
ράφι
polc
ντουλάπι
szekrény
τηλεόραση
televízió
τζάκι
kandalló
λουλούδι
virág
μαξιλάρι
párna
καναπές
kanapé
βάζο
váza
τηλεκοντρόλ
távirányító

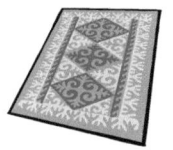

χαλί
szőnyeg

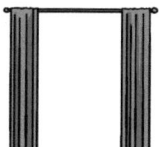

κουρτίνα
függöny

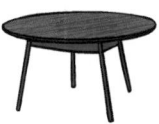

τραπέζι
asztal

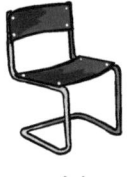

καρέκλα
szék

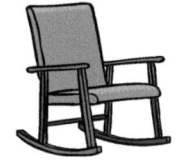

κουνιστή πολυθρόνα
hintaszék

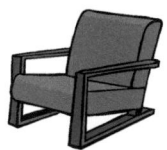

πολυθρόνα
karosszék

βιβλίο

könyv

κουβέρτα

takaró

διακόσμηση

dekoráció

καυσόξυλα

tűzifa

ταινία

film

στερεοφωνικό σύστημα

hifi

κλειδί

kulcs

εφημερίδα

újság

πίνακας ζωγραφικής

festmény

αφίσα

poszter

ραδιόφωνο

rádió

σημειωματάριο

jegyzetfüzet

ηλεκτρική σκούπα

porszívó

κάκτος

kaktusz

κερί

gyertya

φούρνος μικροκυμάτων
mikrohullámú sütő

ψυγείο
hűtőgép

ζυγαριά κουζίνας
konyhai mérleg

τοστιέρα
kenyérpirító

απορρυπαντικό
tisztítószer

φούρνος
tűzhely

κατάψυξη
fagyasztó

σκουπιδοτενεκές
szemetes

πλυντήριο πιάτων
mosogatógép

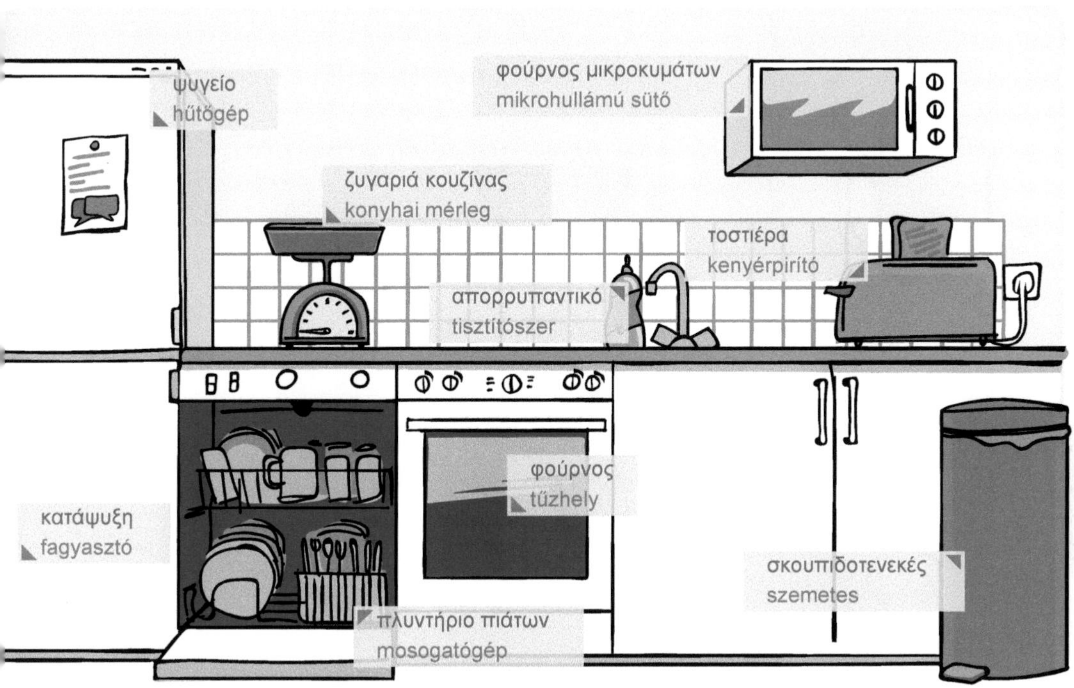

κουζίνα
tűzhely

κατσαρόλα
edény

μαντεμένια κατσαρόλα
vasfazék

γουόκ/καντάι
wok / kadai

τηγάνι
serpenyő

βραστήρας
vízforraló

ατμομάγειρας

πάροló

ταψί

tepsi

πιατικά

étkészlet

κούπα

bögre

μπολ

tálka

ξυλάκια

evőpálcika

κουτάλα

merőkanál

σπάτουλα

keverőlapátka

ανακατεύω

habverő

σουρωτήρι

szűrő

σουρωτηράκι

szita

τρίφτης

reszelő

γουδί

mozsár

ψησταριά

grillsütő

ανοιχτή φωτιά

kandalló

σανίδα κοπής

vágódeszka

πλάστης

sodrófa

ανοιχτήρι φελλών

dugóhúzó

κονσέρβα

doboz

ανοιχτήρι κονσέρβας

konzervnyitó

γάντι φούρνου

edényfogó

νεροχύτης

mosogató

βούρτσα

kefe

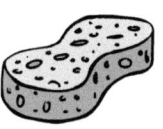

σφουγγάρι

szivacs

μπλέντερ

turmixgép

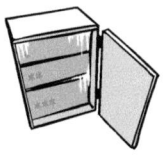

καταψύκτης

mélyhűtő

μπιμπερό

cumisüveg

βρύση

csap

μπάνιο
fürdőszoba

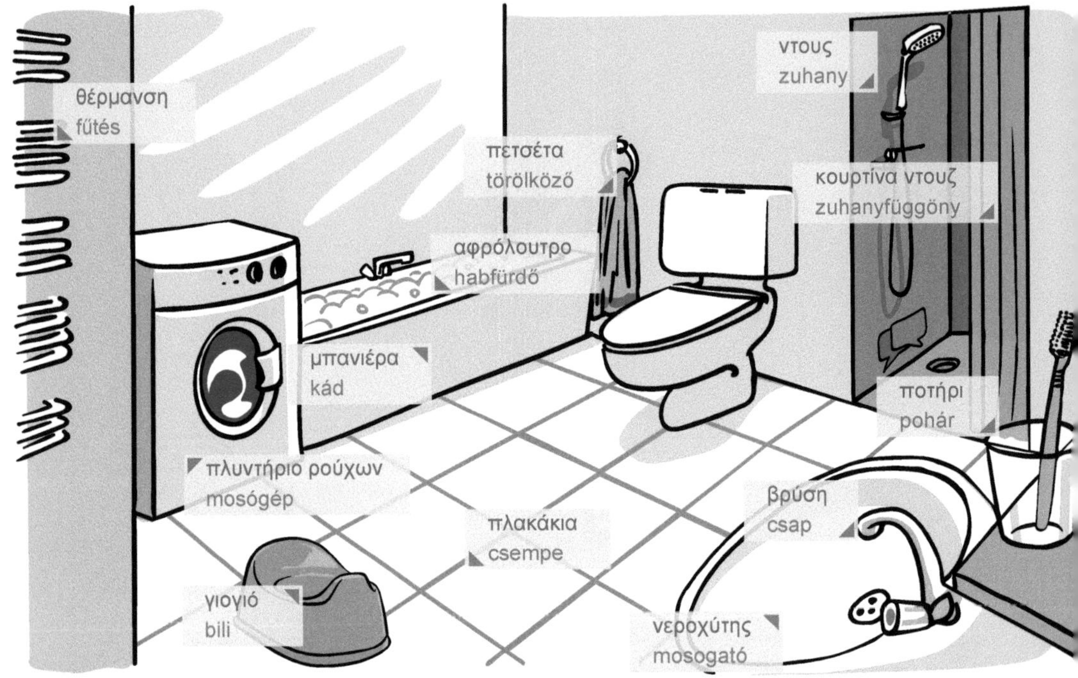

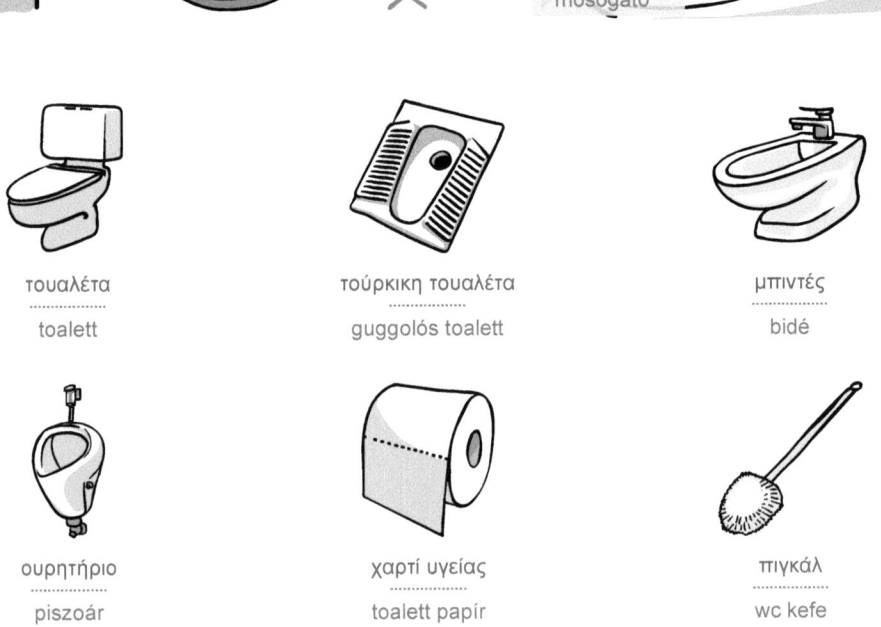

θέρμανση
fűtés

πετσέτα
törölköző

ντους
zuhany

κουρτίνα ντουζ
zuhanyfüggöny

αφρόλουτρο
habfürdő

μπανιέρα
kád

ποτήρι
pohár

πλυντήριο ρούχων
mosógép

πλακάκια
csempe

βρύση
csap

γιογιό
bili

νεροχύτης
mosogató

τουαλέτα
....
toalett

τούρκικη τουαλέτα
....
guggolós toalett

μπιντές
....
bidé

ουρητήριο
....
piszoár

χαρτί υγείας
....
toalett papír

πιγκάλ
....
wc kefe

οδοντόβουρτσα

fogkefe

οδοντόκρεμα

fogkrém

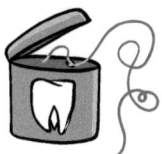

οδοντικό νήμα

fogselyem

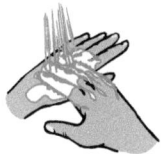

πλένω

mosni

τηλέφωνο ντους

kézi zuhany

ντουσιέρα

intimzuhany

λεκάνη

mosdótál

βούρτσα πλάτης

hátmosó kefe

σαπούνι

szappan

αφρόλουτρο

tusfürdő

σαμπουάν

sampon

φανέλα

mosdókesztyű

σιφόνι

lefolyó

κρέμα

krém

αποσμητικό

dezodor

μπάνιο - fürdőszoba

καθρέφτης

tükör

καθρέφτης χειρός

kézitükör

ξυραφάκι

borotva

αφρός ξυρίσματος

borotvahab

αφτερσέιβ

borotválkozás utáni
arcszesz

χτένα

fésű

βούρτσα

hajkefe

σεσουάρ

hajszárító

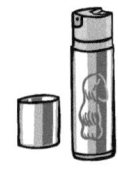

λακ

hajlakk

μακιγιάζ

smink

κραγιόν

ajakrúzs

βερνίκι νυχιών

körömlakk

βαμβάκι

vatta

ψαλίδι νυχιών

körömvágó olló

άρωμα

parfüm

νεσεσέρ

neszesszer

σκαμπό

sámli

ζυγαριά

mérleg

μπουρνούζι

köntös

ελαστικά γάντια

gumikesztyű

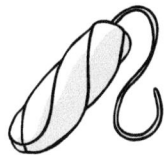

ταμπόν

tampon

πετσέτα υγιεινής

egészségügyi betét

χημική τουαλέτα

vegyi WC

παιδικό δωμάτιο
gyerekszoba

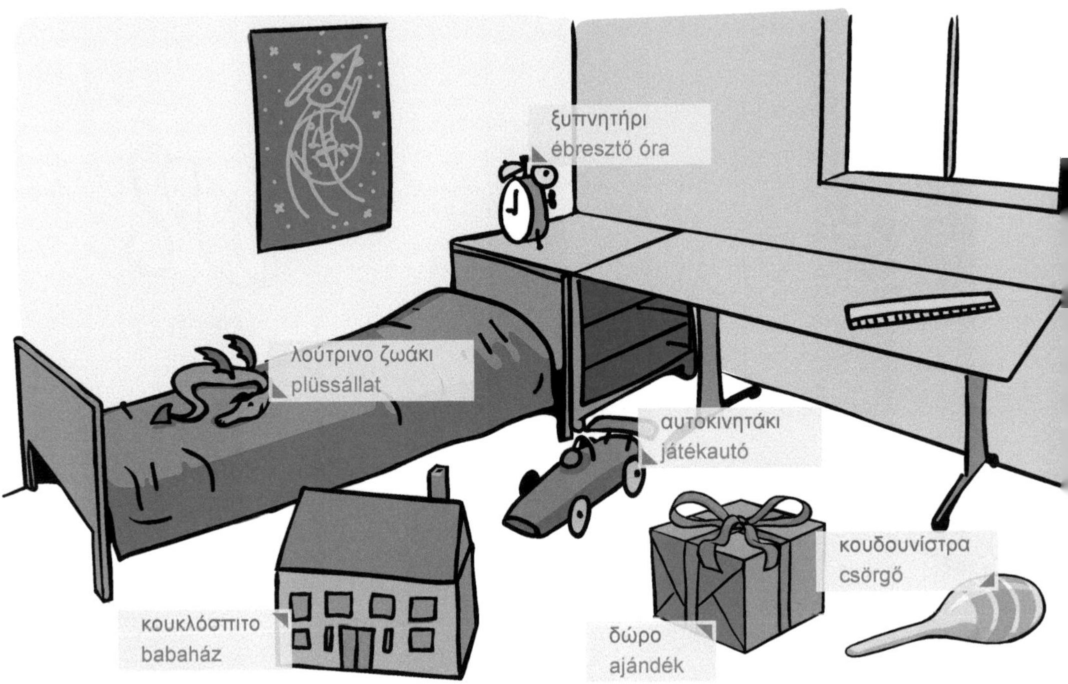

ξυπνητήρι
ébresztő óra
λούτρινο ζωάκι
plüssállat
αυτοκινητάκι
játékautó
κουδουνίστρα
csörgő
κουκλόσπιτο
babaház
δώρο
ajándék

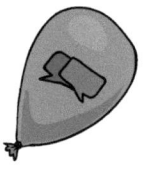

μπαλόνι

lufi

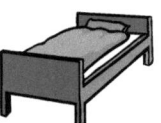

κρεβάτι

ágy

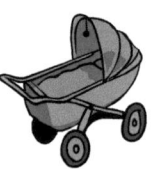

καροτσάκι

babakocsi

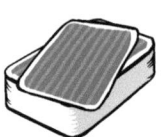

τράπουλα

kártyapakli

παζλ

kirakós játék

SUPER
MEGA

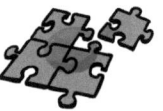

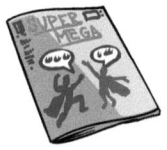

κόμικς

képregény

τουβλάκια lego

építőkockák

τουβλάκια κατασκευών

építőelem

φιγούρα δράσης

szuperhős

βρεφικό φορμάκι

rugdalózó

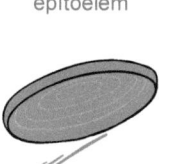

φρίσμπι

frizbi

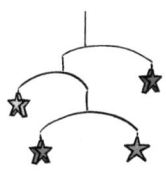

μόμπιλο

zenélő forgó

επιτραπέζιο παιχνίδι

társasjáték

ζάρια

kocka

σετ τρενάκι

modellvasút

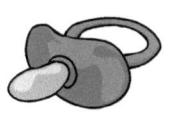

πιπίλα

cumi

πάρτι

zsúr

εικονογραφημένο βιβλίο

képeskönyv

μπάλα

labda

κούκλα

baba

παίζω

játszani

σκάμμα με άμμο

homokozó

κούνια

hinta

παιχνίδια

játékok

κονσόλα βιντεοπαιχνιδιών

videójáték konzol

τρίκυκλο

tricikli

αρκουδάκι

teddi maci

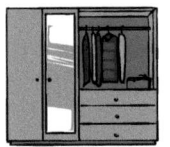

ντουλάπα

ruhásszekrény

ρούχα
ruházat

κάλτσες

zokni

καλτσοδέτες

harisnya

καλσόν

harisnyanadrág

κασκόλ
sál

ζώνη
öv

ομπρέλα
esernyő

μπλουζάκι
póló

μπότες
csizma

παντόφλες
papucs

αθλητικά παπούτσια
tornacipő

σανδάλια
szandál

παπούτσια
cipő

γαλότσες
gumicsizma

εσώρουχο
alsónadrág

σουτιέν
melltartó

φανέλα
mellény

ρούχα - ruházat

σώμα

body

παντελόνι

nadrág

τζιν παντελόνι

farmer

φούστα

szoknya

μπλούζα

blúz

πουκάμισο

ing

πουλόβερ

pulóver

πουλόβερ

kapucnis pulóver

σακάκι

blézer

μπουφάν

dzseki

παλτό

kabát

αδιάβροχο πανωφόρι

esőkabát

κοστούμι

kosztüm

φόρεμα

ruha

νυφικό

esküvői ruha

46   ρούχα - ruházat

κοστούμι

öltöny

νυχτικό

hálóing

πιτζάμες

pizsama

σάρι

szári

μαντήλι

fejkendő

τουρμπάνι

turbán

μπούρκα

burka

καφτάνι

kaftán

μουσουλμανικό ένδυμα

abaya

ολόσωμο μαγιό

fürdőruha

ανδρικό μαγιό

fürdőnadrág

σορτς

rövidnadrág

αθλητική φόρμα

tréningruha

ποδιά

kötény

γάντια

kesztyű

κουμπί

gomb

γυαλιά

szemüveg

βραχιόλι

karkötő

περιδέραιο

nyaklánc

δαχτυλίδι

gyűrű

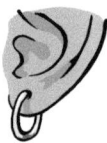

σκουλαρίκι

fülbevaló

καπέλο

sapka

κρεμάστρα

vállfa

καπέλο

kalap

γραβάτα

nyakkendő

φερμουάρ

cipzár

κράνος

bukósisak

τιράντες

nadrágtartó

μαθητική στολή

iskolai egyenruha

στολή

egyenruha

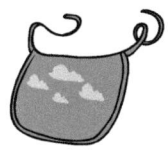

σαλιάρα

előke

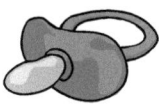

πιπίλα

cumi

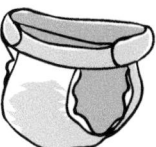

πάνα

pelenka

γραφείο
iroda

σέρβερ
szerver
αρχειοθήκη
irattartó szekrény
εκτυπωτής
nyomtató
χαρτί
papír
οθόνη
képernyő
ποντίκι
egér
γραφείο
íróasztal
ντοσιέ
mappa
πληκτρολόγιο
billentyűzet
καλάθι αχρήστων
papír-hulladék gyűjtő
καρέκλα
szék
υπολογιστής
számítógép

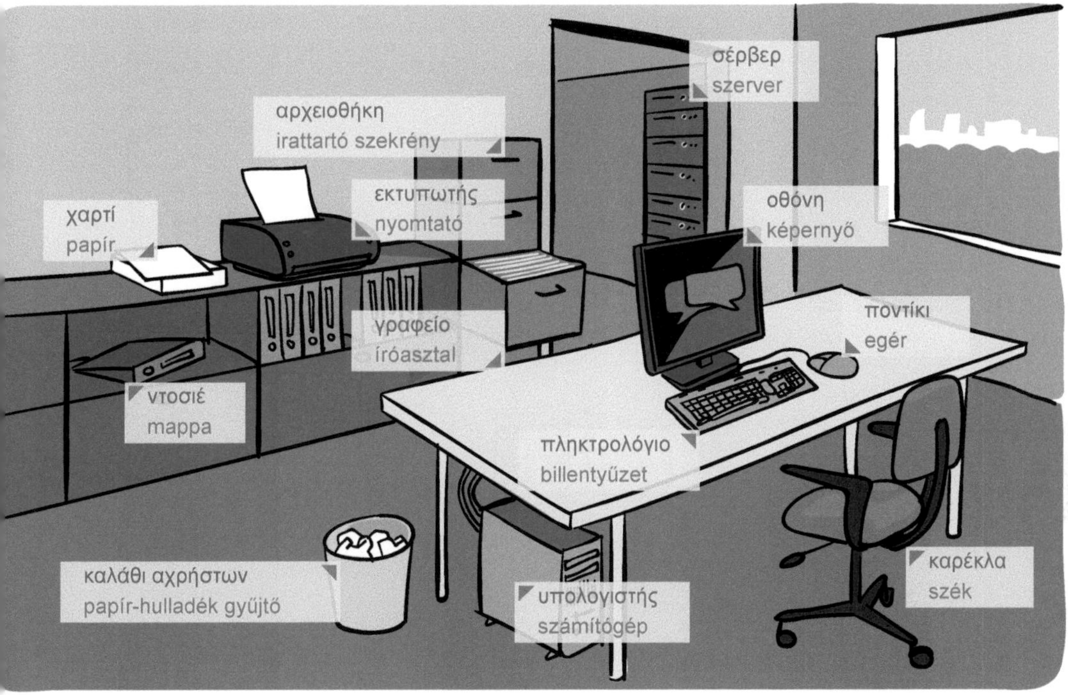

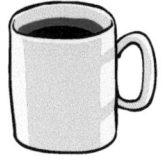

κούπα του καφέ

kávéscsésze

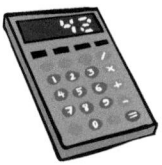

κομπιουτεράκι

számológép

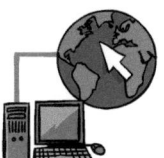

ίντερνετ

internet

λάπτοπ

laptop

γράμμα

levél

μήνυμα

üzenet

κινητό

mobiltelefon

δίκτυο

hálózat

φωτοτυπικό μηχάνημα

fénymásoló

λογισμικό

szoftver

τηλέφωνο

telefon

πρίζα

konnektor

συσκευή φαξ

faxgép

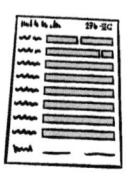

έντυπο

formanyomtatvány

έγγραφο

dokumentum

αγοράζω

venni

πληρώνω

fizetni

συναλλάσσομαι

kereskedni

χρήματα

pénz

δολάριο

dollár

ευρώ

euró

γιεν

jen

ρούβλι

rubel

ελβετικό φράγκο

svájci frank

ρενμίνμπι γιουάν

kínai jüan

ρουπία

rúpia

ATM (αυτόματη ταμειακή
μηχανή)

bankautomata

ανταλλακτήρια
συναλλάγματος

valutaváltó iroda

χρυσός

arany

ασήμι

ezüst

πετρέλαιο

olaj

ενέργεια

energia

τιμή

ár

συμβόλαιο

szerződés

φόρος

adó

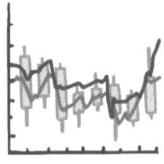

μετοχή

részvény

δουλεύω

dolgozni

υπάλληλος

munkavállaló

εργοδότης

munkaadó

εργοστάσιο

gyár

κατάστημα

üzlet

επαγγέλματα
foglalkozások

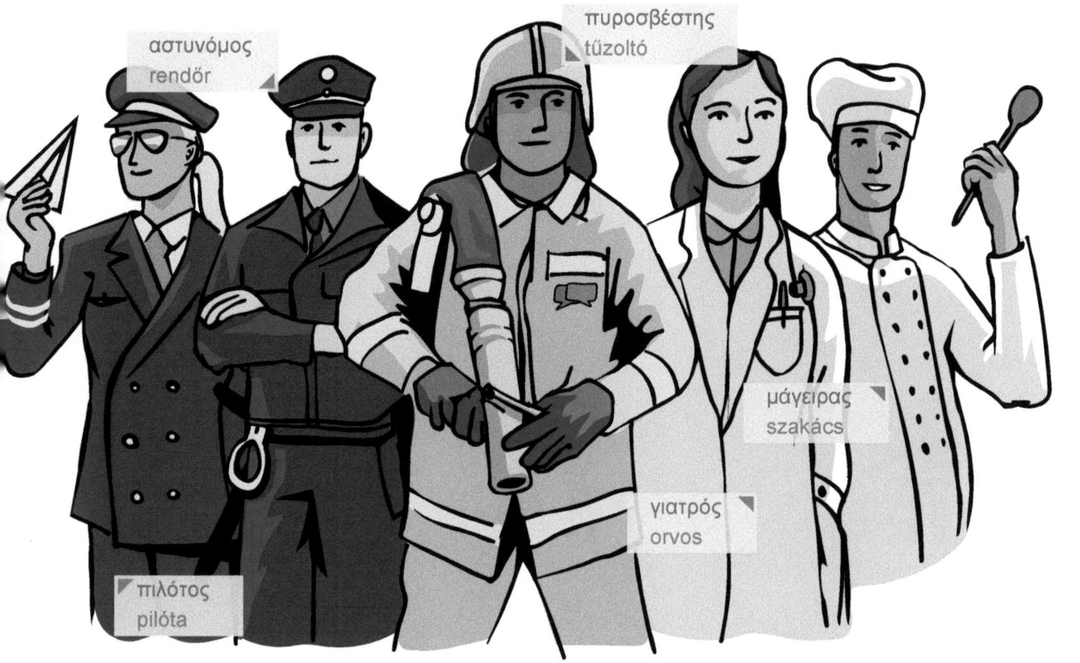
πυροσβέστης
tűzoltó
αστυνόμος
rendőr
μάγειρας
szakács
γιατρός
orvos
πιλότος
pilóta

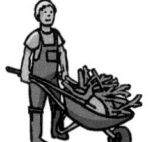

κηπουρός

kertész

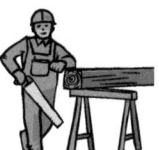

ξυλουργός

kárpitos

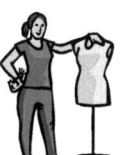

μοδίστρα

varrónő

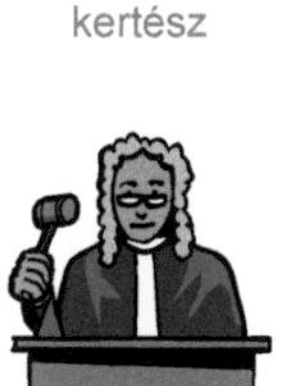

δικαστής

bíró

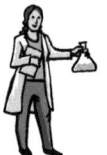

χημικός

vegyész

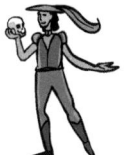

ηθοποιός

színész

οδηγός λεωφορείου

buszsofőr

ταξιτζής

taxisofőr

ψαράς

halász

καθαρίστρια

bejárónő

τεχνίτης στεγών

tetőfedő

σερβιτόρος

pincér

κυνηγός

vadász

ζωγράφος

festő

αρτοποιός

pék

ηλεκτρολόγος

villanyszerelő

οικοδόμος

építőmunkás

μηχανολόγος

mérnök

κρεοπώλης

hentes

υδραυλικός

vízvezeték-szerelő

ταχυδρόμος

postás

στρατιώτης

katona

αρχιτέκτονας

építész

ταμίας

eladó

ανθοπώλης

virágos

κομμωτής

fodrász

ελεγκτής εισιτηρίων

kalauz

μηχανικός

műszerész

καπετάνιος

kapitány

οδοντίατρος

fogorvos

επιστήμονας

tudós

ραβίνος

rabbi

ιμάμης

imám

μοναχός

szerzetes

ιερέας

lelkész

εργαλεία

szerszámok

πένσα
fogó
σφυρί
kalapács
κατσαβίδι
csavarhúzó
φακός
elemlámpa
Γαλλικό κλειδί
csavarkulcs

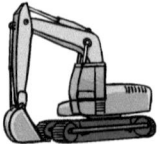

εκσκαφέας

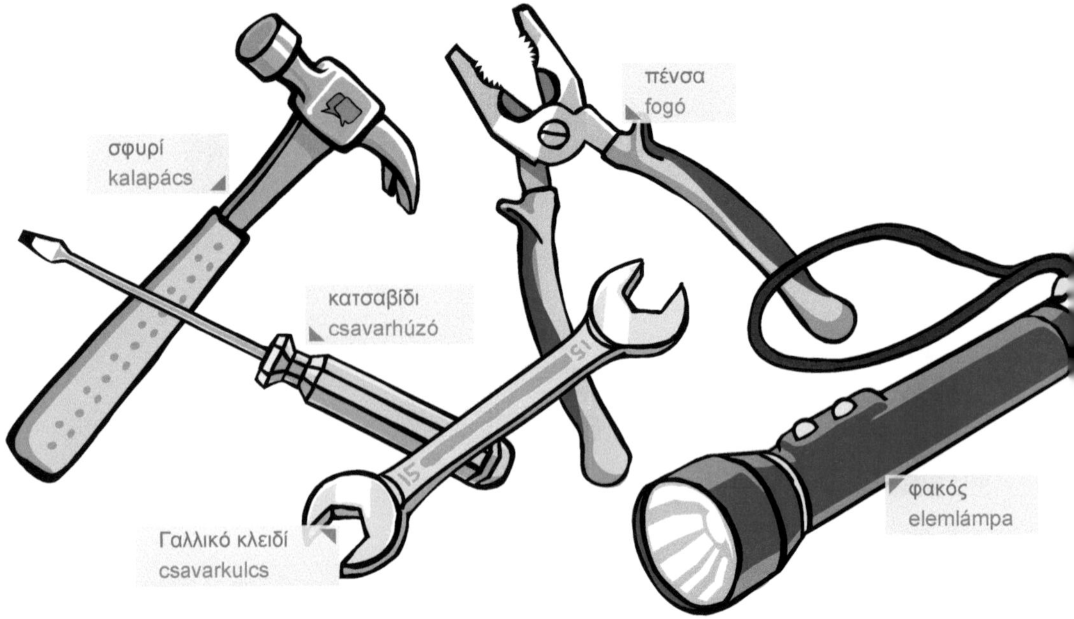

markológép

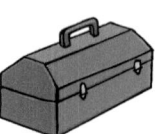

εργαλειοθήκη

szerszámosláda

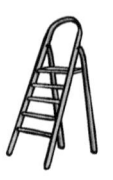

σκάλα

vödör

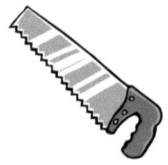

πριόνι

fűrész

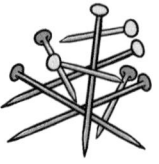

καρφιά

szög

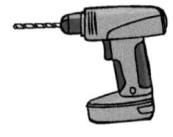

τρυπάνι

fúrógép

επισκευάζω

megjavítani

φτυάρι

lapát

Να πάρει!

A francba!

φαράσι

szemétlapát

δοχείο χρωμάτων

festékesdoboz

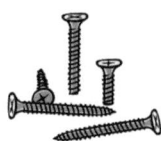

βίδες

csavar

μουσικά όργανα
hangszerek

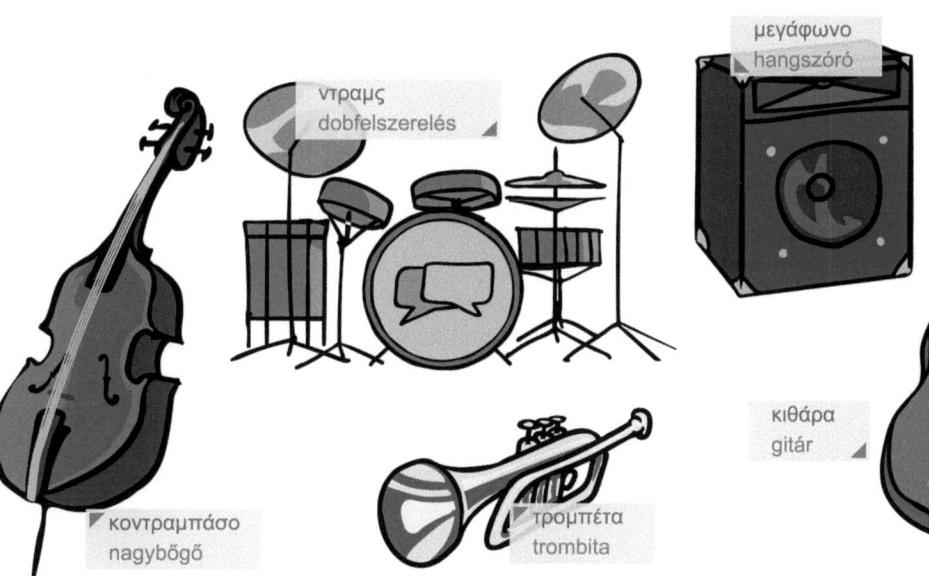

μεγάφωνο
hangszóró

ντραμς
dobfelszerelés

κιθάρα
gitár

κοντραμπάσο
nagybőgő

τρομπέτα
trombita

πιάνο

zongora

βιολί

hegedű

μπάσο

basszusgitár

τύμπανα

üstdob

τύμπανο

dobok

πλήκτρα

digitális zongora

σαξόφωνο

szaxofon

φλάουτο

fuvola

μικρόφωνο

mikrofon

μουσικά όργανα - hangszerek

ζωολογικός κήπος
állatkert

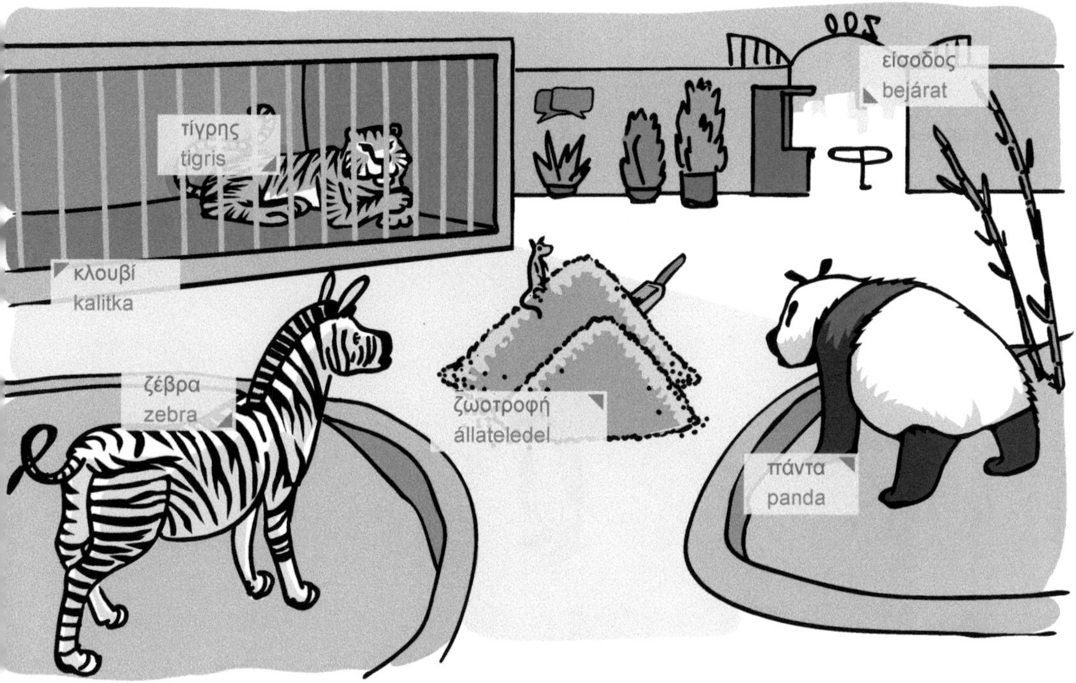

τίγρης
tigris
είσοδος
bejárat
κλουβί
kalitka
ζέβρα
zebra
ζωοτροφή
állateledel
πάντα
panda

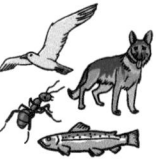

ζώα

állatok

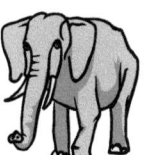

ελέφαντας

elefánt

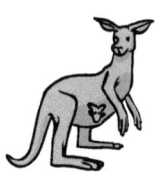

καγκουρό

kenguru

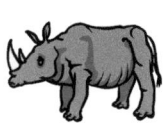

ρινόκερος

orrszarvú

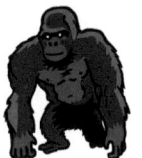

γορίλας

gorilla

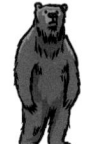

αρκούδα

medve

καμήλα

teve

στρουθοκάμηλος

strucc

λιοντάρι

oroszlán

πίθηκος

majom

φλαμίνγκο

flamingó

παπαγάλος

papagáj

πολική αρκούδα

jegesmedve

πιγκουίνος

pingvin

καρχαρίας

cápa

παγώνι

páva

φίδι

κígyó

κροκόδειλος

krokodil

φύλακας ζωολογικού κήπου

állatgondozó

φώκια

fóka

τζάγκουαρ

jaguár

πόνυ

póniló

λεοπάρδαλη

leopárd

ιπποπόταμος

víziló

καμηλοπάρδαλη

zsiráf

αετός

sas

αγριογούρουνο

vaddisznó

ψάρι

hal

χελώνα

teknős

θαλάσσιος ίππος

rozmár

αλεπού

róka

γαζέλα

gazella

Αμερικάνικο ποδόσφαιρο
amerikai futball

ποδηλασία
kerékpározás

αντισφαίριση
tenísz

μπάσκετ
kosárlabda

κολύμβηση
úszás

πυγχαμία
boksz

χόκεϋ επί πάγου
jégkorong

ποδόσφαιρο
futball

μπάντμιντον
tollas

στίβος
atlétika

χάντμπολ
kézilabda

σκι
sielés

πόλο
lovaspóló

δραστηριότητες
tevékenységek

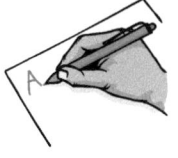

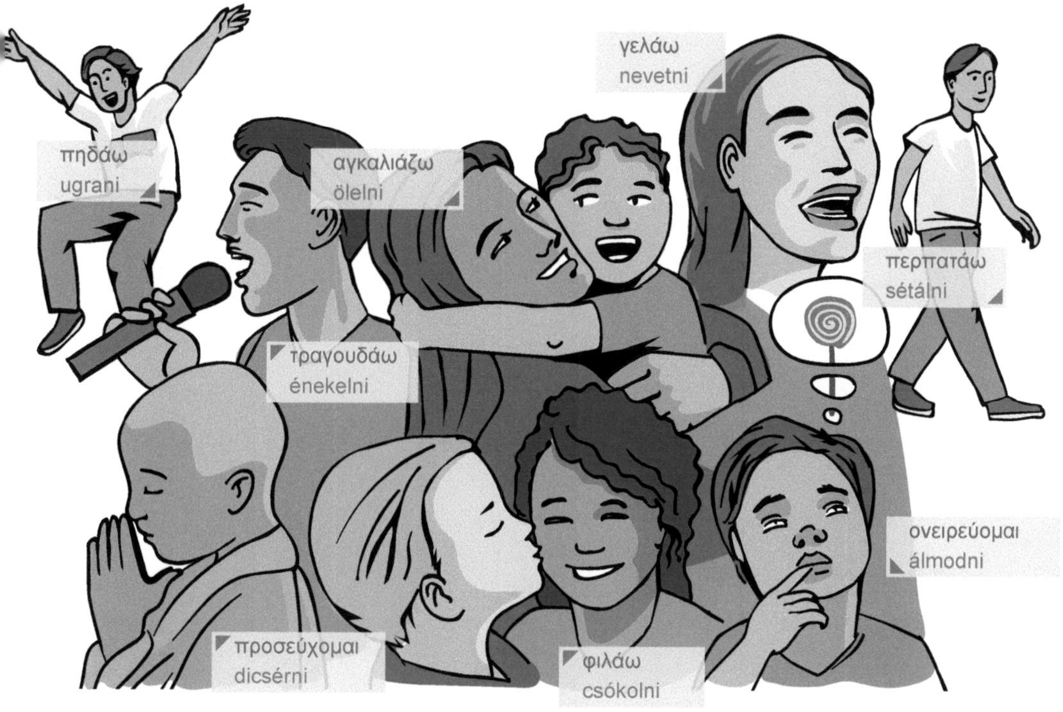
γελάω
nevetni
πηδάω
ugrani
αγκαλιάζω
ölelni
περπατάω
sétálni
τραγουδάω
énekelni
ονειρεύομαι
álmodni
προσεύχομαι
dicsérni
φιλάω
csókolni

γράφω
írni

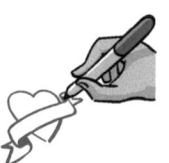

σχεδιάζω
rajzolni

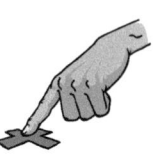

δείχνω
mutatni

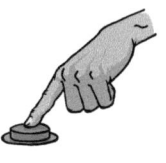

πιέζω
tolni

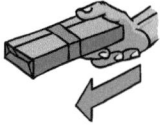

δίνω
adni

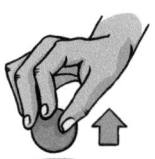

παίρνω
vinni

έχω

birtokolni

κάνω

csinálni

είμαι

lenni

στέκομαι

állni

τρέχω

futni

τραβάω

húzni

ρίχνω

hajít

πέφτω

esni

ξαπλώνω

hazudni

περιμένω

várni

κουβαλώ

vinni

κάθομαι

ülni

φοράω

felvenni

κοιμάμαι

aludni

ξυπνάω

felébredni

κοιτάω

ránézni

κλαίω

sírni

χαϊδεύω

simogat

χτενίζω

fésülni

μιλάω

beszélni

καταλαβαίνω

megérteni

ρωτάω

kérdezni

ακούω

hallgatni

πίνω

inni

τρώω

enni

συγυρίζω

takarítani

αγαπάω

szeretni

μαγειρεύω

főzni

οδηγώ

vezetni

πετάω

szállni

κάνω ιστιοπλοΐα

vitorlázni

υπολογίζω

számol

διαβάζω

olvasni

μαθαίνω

tanulni

δουλεύω

dolgozni

παντρεύομαι

házasodni

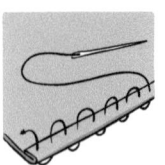

ράβω

varrni

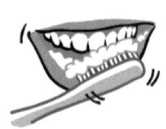

βουρτσίζω τα δόντια

fogat mosni

σκοτώνω

ölni

καπνίζω

dohányozni

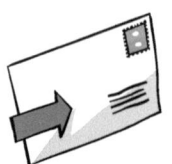

στέλνω

küldeni

γιαγιά
nagymama

παππούς
nagypapa

πατέρας
apa

μητέρα
anya

μωρό
kisbaba

κόρη
lány

γιος
fiú

καλεσμένος
vendég

θεία
nagynéni

θείος
nagybácsi

αδελφός
fiútestvér

αδελφή
lánytestvér

σώμα

test

μέτωπο
homlok
μάτι
szem
ώμος
váll
δάχτυλο
ujj
πρόσωπο
arc
πιγούνι
áll
χέρι
kéz
πόδι
láb
στήθος
mell
βραχίονας
kar

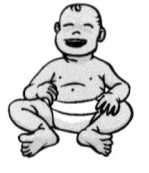

μωρό

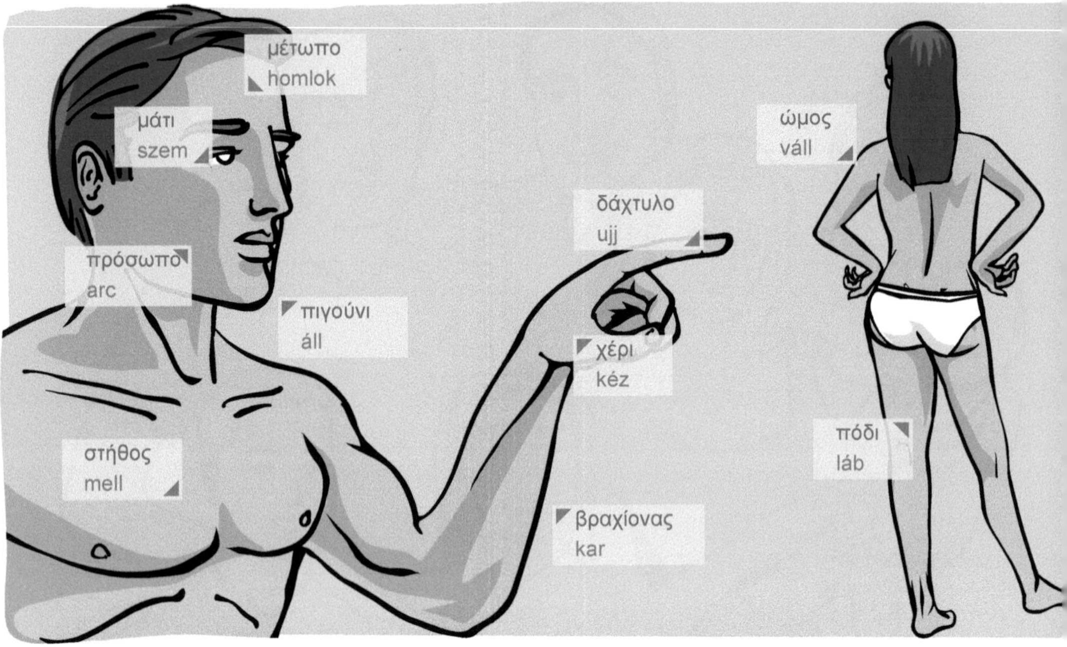

kisbaba

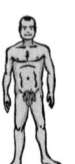

άνδρας

ember

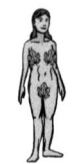

γυναίκα

nő

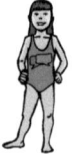

κορίτσι

lány

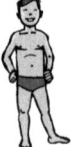

αγόρι

fiú

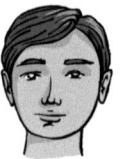

κεφάλι

fej

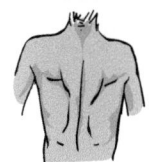

πλάτη
hát

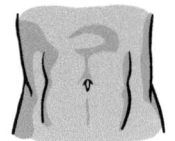

κοιλιά
has

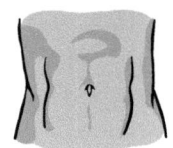

αφαλός
köldök

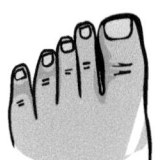

δάχτυλο ποδιού
lábujj

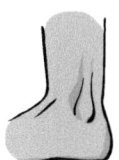

φτέρνα
sarok

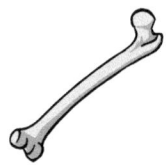

κόκκαλο
csont

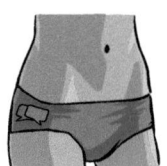

γοφός
csípő

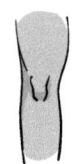

γόνατο
térd

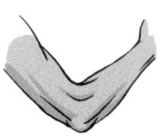

αγκώνας
könyök

μύτη
orr

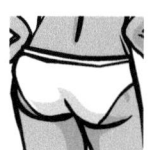

γλουτός
fenék

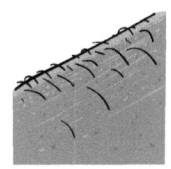

δέρμα
bőr

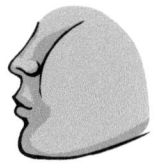

μάγουλο
orca

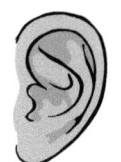

αυτί
fül

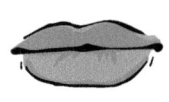

χείλος
ajak

στόμα

száj

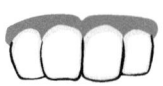

δόντι

fog

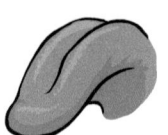

γλώσσα

nyelv

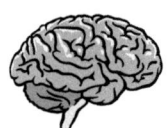

εγκέφαλος

agy

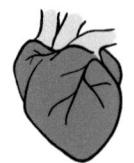

καρδιά

szív

μυς

izom

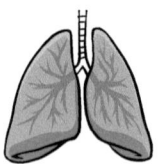

πνεύμονας

tüdő

συκώτι

máj

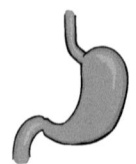

στομάχι

gyomor

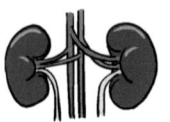

νεφρά

vese

σεξουαλική επαφή

szex

προφυλακτικό

kondom

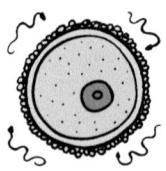

ωάριο

petesejt

σπέρμα

sperma

εγκυμοσύνη

terhesség

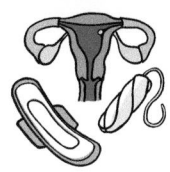

περίοδος

menstruáció

γυναικείος κόλπος

vagina

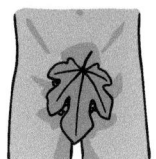

πέος

pénisz

φρύδι

szemöldök

μαλλιά

haj

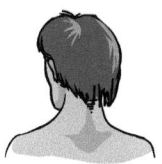

λαιμός

nyak

νοσοκομείο
kórház

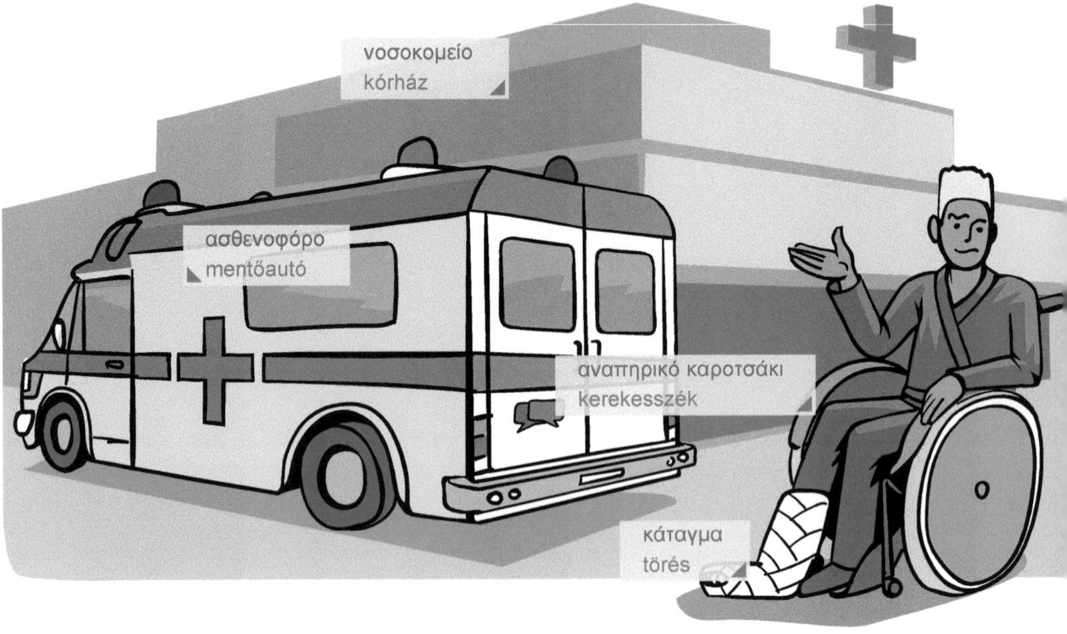

νοσοκομείο
kórház
ασθενοφόρο
mentőautó
αναπηρικό καροτσάκι
kerekesszék
κάταγμα
törés

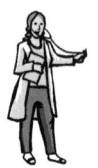

γιατρός

orvos

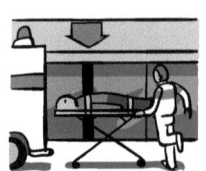

μονάδα εντατικής θεραπείας

sürgősségi osztály

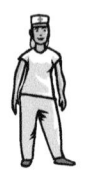

νοσοκόμα

ápoló

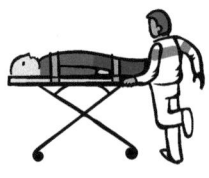

έκτακτη ανάγκη

vészhelyzet

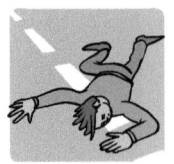

λιπόθυμος

eszméletlen

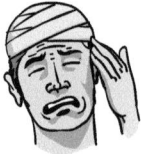

πόνος

fájdalom

τραύμα

sérülés

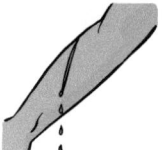

αιμορραγία

vérzés

έμφραγμα

szívroham

εγκεφαλικό

szélütés

αλλεργία

allergia

βήχας

köhögés

πυρετός

láz

γρίπη

influenza

διάρροια

hasmenés

πονοκέφαλος

fejfájás

καρκίνος

rák

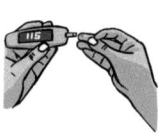

διαβήτης

cukorbetegség

χειρουργός

sebész

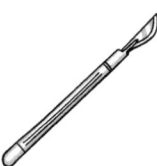

νυστέρι

szike

εγχείρηση

műtét

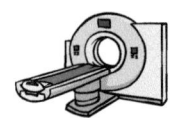

αξονική τομογραφία
CT

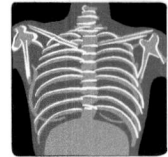

ακτινογραφία
röntgen

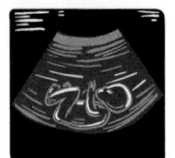

υπέρηχος
ultrahang

μάσκα
arcmaszk

ασθένεια
betegség

αίθουσα αναμονής
váróterem

πατερίτσα
mankó

χάνσαπλαστ
sebtapasz

επίδεσμος
kötszer

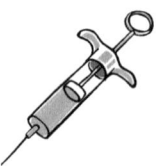

ένεση
injekció

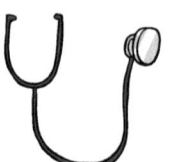

στηθοσκόπιο
sztetoszkóp

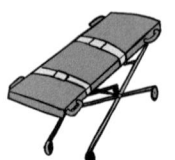

φορείο
hordágy

θερμόμετρο
klinikai hőmérő

γέννηση
születés

υπέρβαρο
túlsúly

ακουστικό βαρηκοΐας

hallókészülék

αντισηπτικό

fertőtlenítőszer

λοίμωξη

fertőzés

ιός

vírus

HIV/AIDS

HIV/AIDS

φάρμακο

orvosság

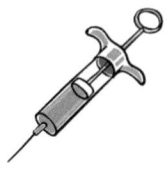

εμβολιασμός

oltás

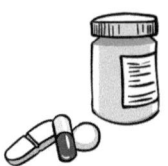

δισκία

tabletták

χάπι

tabletta

κλήση έκτακτης ανάγκης

sürgősségi hívás

πιεσόμετρο αίματος

vérnyomásmérő

άρρωστος / υγιής

betegség / egészség

Βοήθεια!

Segítség!

συναγερμός

riasztás

βιαιοπραγία

rajtaütés

επίθεση

támadás

κίνδυνος

veszély

έξοδος κινδύνου

vészkijárat

Φωτιά!

tűz!

πυροσβεστήρας

tűzoltókészülék

ατύχημα

baleset

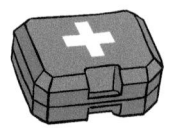

κουτί πρώτων βοηθειών

elsősegélycsomag

SOS

SOS

αστυνομία

rendőrség

Ευρώπη

Európa

Βόρεια Αμερική

Észak-Amerika

Νότια Αμερική

Dél-Amerika

Αφρική

Afrika

Ασία

Ázsia

Αυστραλία

Ausztrália

Ατλαντικός Ωκεανός

Atlanti-óceán

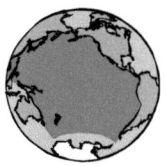

Ειρηνικός Ωκεανός

Csendes-óceán

Ινδικός Ωκεανός

Indiai-óceán

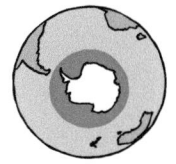

Ανταρκτικός Ωκεανός

Déli-óceán

Αρκτικός Ωκεανός

Jeges-tenger

Βόρειος Πόλος

Északi-sark

Νότιος Πόλος

Déli-sark

Ανταρκτική

Antarktisz

Γη

föld

γη

szárazföld

θάλασσα

tenger

νησί

sziget

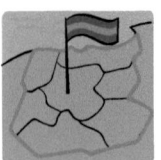

έθνος

nemzet

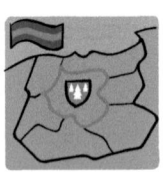

πολιτεία

állam

κανδράν ρολογιού

számlap

ωροδείκτης

kismutató

λεπτοδείκτης

nagymutató

δείκτης δευτερολέπτων

másodpercmutató

Τι ώρα είναι;

Mennyi az idő?

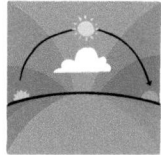

ημέρα

nap

χρόνος

idő

τώρα

most

ψηφιακό ρολόι

digitális óra

λεπτό

perc

ώρα

óra

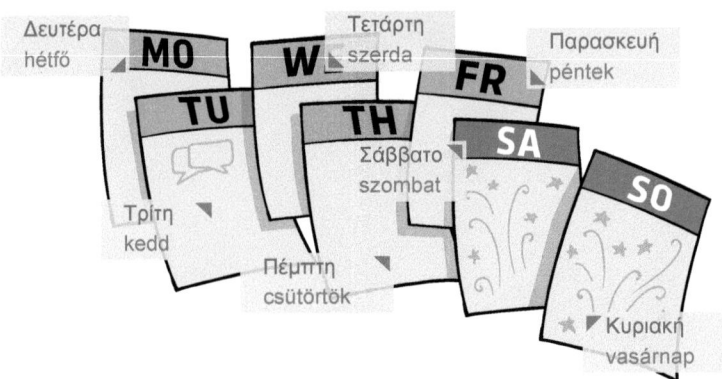

Δευτέρα
hétfő — MO

Τετάρτη
szerda — W

Παρασκευή
péntek — FR

TU

TH

Σάββατο
szombat — SA

Τρίτη
kedd

SO

Πέμπτη
csütörtök

Κυριακή
vasárnap

χθες

tegnap

σήμερα

ma

αύριο

holnap

πρωί

reggel

μεσημέρι

dél

βράδυ

este

εργάσιμες ημέρες

hétköznap

Σαββατοκύριακο

hétvége

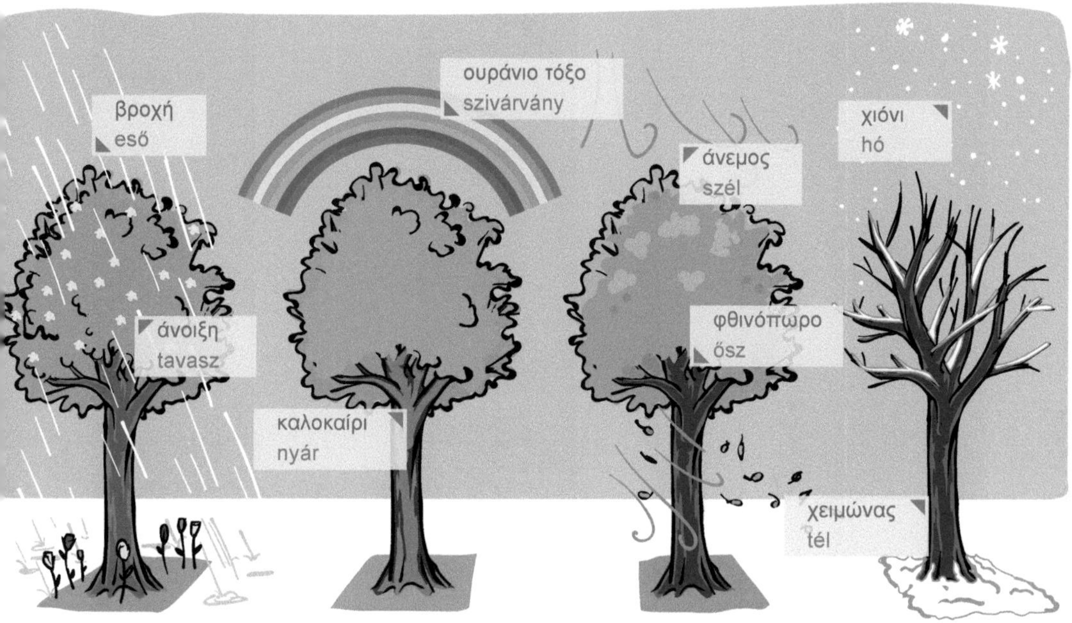
βροχή
eső
ουράνιο τόξο
szivárvány
άνεμος
szél
χιόνι
hó
άνοιξη
tavasz
καλοκαίρι
nyár
φθινόπωρο
ősz
χειμώνας
tél

4.APRIL 11°
5.APRIL 4°
6.APRIL 13°
7.APRIL 8°
8.APRIL 10°

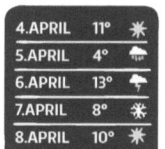

πρόγνωση καιρού

időjárás előrejelzés

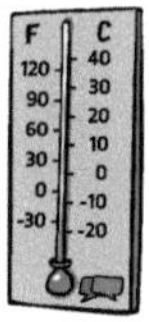
F C
120 40
90 30
60 20
30 10
0 0
-30 -10
-20

θερμόμετρο

hőmérő

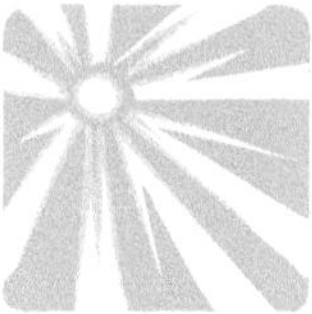

λιακάδα

napsütés

σύννεφο

felhő

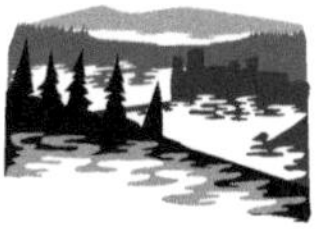

ομίχλη

köd

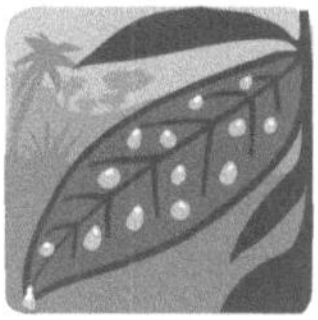

υγρασία

páratartalom

αστραπή

villámlás

κεραυνός

mennydörgés

καταιγίδα

vihar

χαλάζι

jégeső

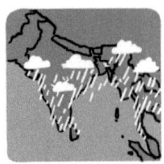

μουσώνας

monszun

πλημμύρα

áradás

πάγος

jég

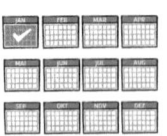

Ιανουάριος

január

Φεβρουάριος

február

Μάρτιος

március

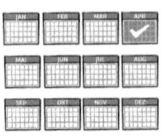

Απρίλιος

április

Μάιος

május

Ιούνιος

június

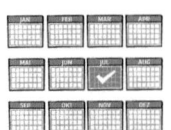

Ιούλιος

július

Αύγουστος

augusztus

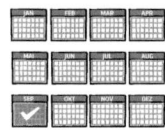

Σεπτέμβριος
....
szeptember

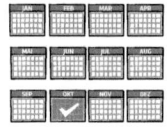

Οκτώβριος
....
október

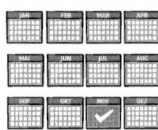

Νοέμβριος
....
november

Δεκέμβριος
....
december

σχήματα
alakzatok

κύκλος
....
kör

τετράγωνο
....
négyzet

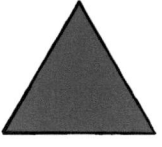

ορθογώνιο
παραλληλόγραμμο
téglalap

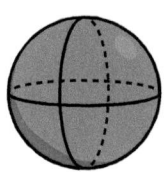

τρίγωνο
....
háromszög

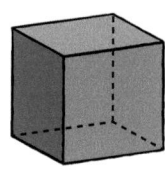

σφαίρα
....
gömb

κύβος
....
kocka

χρώματα
színek

άσπρο

fehér

κίτρινο

sárga

πορτοκαλί

narancs

ροζ

rózsaszín

κόκκινο

piros

μωβ

lila

μπλε

kék

πράσινο

zöld

καφέ

barna

γκρι

szürke

μαύρο

fekete

πολύ / λίγο

sok / kevés

θυμωμένος / ήρεμος

mérges / nyugodt

όμορφος / άσχημος

szép / csúnya

αρχή / τέλος

kezdet / vég

μεγάλος / μικρός

nagy / kicsi

φωτεινός / σκοτεινός

világos / sötét

αδελφός / αδελφή

fivér / nővér

καθαρός / λερωμένος

tiszta / koszos

πλήρης / ατελής

teljes / nem teljes

ημέρα / νύχτα

nappal / éjszaka

νεκρός / ζωντανός

halott / élő

φαρδύς / στενός

széles / keskeny

βρώσιμος / μη βρώσιμος

ehető / nem ehető

κακός / ευγενικός

gonosz / kedves

ενθουσιασμένος / βαριεστημένος

izgatott / unott

παχύς / λεπτός

kövér / vékony

πρώτος / τελευταίος

első / utolsó

φίλος / εχθρός

barát / ellenség

γεμάτος / άδειος

teli / üres

σκληρός / μαλακός

kemény / puha

βαρύς / ελαφρύς

nehéz / könnyű

πείνα / δίψα

éhség / szomjúság

άρρωστος / υγιής

betegség / egészség

παράνομος / νόμιμος

illegális / legális

έξυπνος / χαζός

intelligens / buta

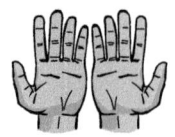

αριστερός / δεξιός

bal / jobb

κοντινός / μακρινός

közel / távol

αντίθετα - ellentétek

καινούριος /
μεταχειρισμένος
új / használt

τίποτα / κάτι
semmi / valami

γέρος | νέος
idős / fiatal

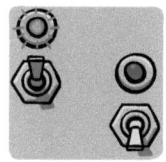

αναμμένος / σβηστός
be / ki

ανοιχτός / κλειστός
nyitva / zárva

χαμηλόφωνος /
μεγαλόφωνος
csendes / hangos

πλούσιος / φτωχός
gazdag / szegény

σωστός / λανθασμένος
helyes / helytelen

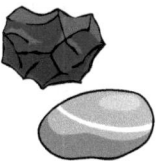

τραχύς / λείος
érdes / sima

λυπημένος / χαρούμενος
szomorú / vidám

κοντός / μακρύς
rövid / hosszú

αργός / γρήγορος
lassú / gyors

υγρός / στεγνός
nedves / száraz

ζεστός / δροσερός
meleg / hideg

πόλεμος / ειρήνη
háború / béke

0	**1**	**2**
μηδέν	ένα	δύο
nulla	egy	kettő

3	**4**	**5**
τρία	τέσσερα	πέντε
három	négy	öt

6	**7**	**8**
έξι	εφτά	οκτώ
hat	hét	nyolc

9	**10**	**11**
εννιά	δέκα	έντεκα
kilenc	tíz	tizenegy

12
δώδεκα
tizenkettő

13
δεκατρία
tizenhárom

14
δεκατέσσερα
tizennégy

15
δεκαπέντε
tizenöt

16
δεκαέξι
tizenhat

17
δεκαεφτά
tizenhét

18
δεκαοκτώ
tizennyolc

19
δεκαεννέα
tizenkilenc

20
είκοσι
húsz

100
εκατό
száz

1.000
χίλια
ezer

1.000.000
εκατομμύριο
millió

Αγγλικά

angol

Αμερικάνικα Αγγλικά

amerikai angol

Μανδαρίνικα Κινέζικα

mandarin kínai

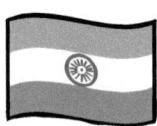

Χίντι

hindi

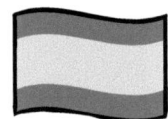

Ισπανικά

spanyol

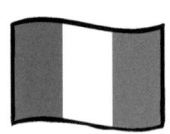

Γαλλικά

francia

Αραβικά

arab

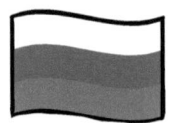

Ρώσικα

orosz

Πορτογαλικά

portugál

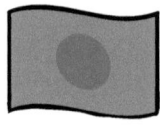

Μπενγκάλι

bengáli

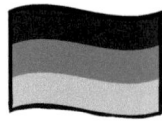

Γερμανικά

német

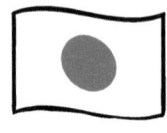

Ιαπωνικά

japán

εγώ

én

εσύ

te

αυτός / αυτή / αυτό

ő

εμείς

mi

εσείς

ti

αυτοί / αυτές / αυτά

ök

ποιος / ποια / ποιο;

ki?

τι;

mi?

πώς;

hogyan?

πού;

hol?

πότε;

mikor?

όνομα

név

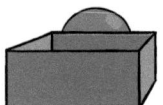

πίσω

mögött

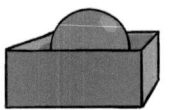

μέσα

benne

μπροστά

elötte

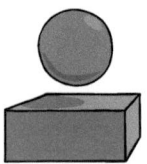

πάνω από

felette

πάνω

rajta

κάτω

alatta

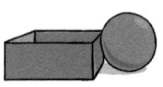

δίπλα

mellett

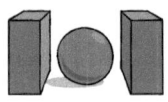

ανάμεσα

között

μέρος

hely